生物科学专业“6＋X”简明教程系列 · 配套实验教材

动物学实验教程

刘敬泽 吴跃峰 主编

科学出版社
北京

内 容 简 介

本书注重对学生动物学基本实验操作技能的训练和综合能力的培养，在实验内容的编排上力求简明、实用。全书由基础型实验和综合设计型实验两大部分组成。基础型实验重点巩固学生的基础知识，培养学生科学、规范的实验操作技能；实验教学目的明确、重点突出；实验动物选择代表性强、取材方便；对每个实验操作与观察中的关键步骤指导详细。在厚基础、强技能的前提下，综合设计型实验则重点启发活跃学生思维，培养创新意识，提高学生独立分析解决问题的能力。

本书可作为高等院校生物、农学及相关专业本科生的教材，也可供中学教师及相关领域的工作人员参考。

图书在版编目(CIP)数据

动物学实验教程/刘敬泽，吴跃峰主编. —北京：科学出版社，2013
生物科学专业“6+X”简明教程系列·配套实验教材
ISBN 978-7-03-037498-1

Ⅰ.①动… Ⅱ.①刘…②吴… Ⅲ.①动物学-实验-高等学校-教材
Ⅳ.①Q95-33

中国版本图书馆 CIP 数据核字（2013）第 103417 号

责任编辑：刘 丹 王国栋 / 责任校对：钟 洋
责任印制：赵 博 / 封面设计：迷底书装

科学出版社出版
北京东黄城根北街 16 号
邮政编码：100717
http://www.sciencep.com
涿州市般润文化传播有限公司印刷
科学出版社发行 各地新华书店经销
*
2013 年 6 月第 一 版 开本：787×1092 1/16
2025 年 8 月第八次印刷 印张：8 1/4
字数：183 000

定价：36.00 元

（如有印装质量问题，我社负责调换）

《动物学实验教程》编写委员会

主　编　刘敬泽　吴跃峰

编　委（按姓氏汉语拼音排序）

白　建　鲍　荣　高永闯

韩九皋　江　春　李东明

李洪燕　刘敬泽　史宝忠

孙春岐　王改芳　武宇红

吴跃峰　杨　虹　杨小龙

于文清　于志军

目　录

前言

第一部分　基础型实验

实验一　草履虫和其他原生动物的观察 …… 3
实验二　水螅和其他刺胞动物的观察 …… 7
实验三　涡虫和寄生扁虫的观察 …… 10
实验四　蛔虫和环毛蚓的比较观察 …… 14
实验五　无齿蚌的观察与解剖 …… 17
实验六　乌贼的观察与解剖及软体动物的分类 …… 20
实验七　蝗虫的观察与内部解剖 …… 25
实验八　昆虫的分类 …… 29
实验九　海盘车和其他棘皮动物的观察 …… 31
实验十　柄海鞘、文昌鱼和七鳃鳗的结构观察 …… 34
实验十一　鲤鱼的外形和内部解剖 …… 39
实验十二　鱼类的分类 …… 45
实验十三　蟾蜍（或蛙）的外形与内部解剖 …… 55
实验十四　两栖纲和爬行纲的分类 …… 61
实验十五　家鸡（或鸽）的外形和内部解剖 …… 72
实验十六　鸟纲的分类 …… 77
实验十七　家兔的外形和内部解剖 …… 93
实验十八　哺乳纲的分类 …… 102

第二部分　综合设计型实验

实验十九　昆虫的采集、标本制作与鉴定 …… 113
实验二十　原生动物的多样性 …… 115
实验二十一　脊椎动物神经系统的比较观察 …… 117
实验二十二　脊椎动物多样性调查 …… 121

参考文献 …… 123

第一部分

基础型实验

◎实验一　草履虫和其他原生动物的观察
◎实验二　水螅和其他刺胞动物的观察
◎实验三　涡虫和寄生扁虫的观察
◎实验四　蛔虫和环毛蚓的比较观察
◎实验五　无齿蚌的观察与解剖
◎实验六　乌贼的观察与解剖及软体动物的分类
◎实验七　蝗虫的观察与内部解剖
◎实验八　昆虫的分类
◎实验九　海盘车和其他棘皮动物的观察
◎实验十　柄海鞘、文昌鱼和七鳃鳗的结构观察
◎实验十一　鲤鱼的外形和内部解剖
◎实验十二　鱼类的分类
◎实验十三　蟾蜍（或蛙）的外形与内部解剖
◎实验十四　两栖纲和爬行纲的分类
◎实验十五　家鸡（或鸽）的外形和内部解剖
◎实验十六　鸟纲的分类
◎实验十七　家兔的外形和内部解剖
◎实验十八　哺乳纲的分类

实验一

草履虫和其他原生动物的观察

实验目的

1. 初步学会草履虫的采集、培养和活体观察方法。
2. 认识草履虫的形态结构特点，并理解其结构、功能与适应的关系。
3. 学会用显微镜观察运动的原生动物的方法。
4. 通过对眼虫、变形虫的观察，掌握鞭毛纲和肉足纲的主要特征。
5. 通过观察疟原虫的生活史和各期的基本形态，掌握孢子纲的主要特征。

实验内容

1. 草履虫的培养与观察。
2. 眼虫的培养与观察。
3. 变形虫的观察。
4. 疟原虫生活史的观察。

实验材料与用具

1. 材料：①采集和培养的草履虫、眼虫、变形虫；②草履虫、眼虫、变形虫的玻片标本；③疟原虫涂片标本。

2. 用具：显微镜，体视镜，载玻片，盖玻片，培养缸，烧杯，毛细滴管，吸水纸，脱脂棉，5%冰醋酸，1%碘液，培养皿，墨汁，电炉。

实验操作与观察

1. 草履虫的观察

1）采集

草履虫春、夏、秋三季多浮游在有机质丰富的水沟或池塘的水面上，可取水采集。

2）培养液的配制

常用方法有以下几种。

（1）20g 干稻草加入 2000ml 放置 2d 的自来水，煮沸 20min 左右。

（2）20g 玉米须加入 2000ml 放置 2d 的自来水，煮沸 20min 左右。

（3）用凉开水配制 0.1g 天然蜂蜜水。

（4）60g 鲜胡萝卜加入 2000ml 放置 2d 的自来水，煮沸 15min 左右。

以上各方法可随季节任意选用。

3）接种

将采集的水样少量置于培养皿内，置于体视镜下，用毛细滴管将草履虫吸出分离，重复多次，使每毫升培养液含 1 或 2 只草履虫，置于 22℃温暖光亮处，培养缸中培养 1 周左右即可。

4）观察

（1）外形和运动。草履虫长 0.2～0.3mm，肉眼勉强可见，如向光仔细观察含有草履虫的培养液近液面处，可见其中有许多迅速游动的小白点，即草履虫。

取少许脱脂棉撕成极薄的一层，置载玻片上，用滴管滴一些含有草履虫的培养液在棉纤维上，盖好盖玻片，在低倍镜下观察。找到草履虫后，如发现其运动迅速，则可用吸水纸将水吸去一些再观察，但不能吸干。辨认出虫体较圆的前端和较尖的后端。当其游动时，注意虫体沿自身长轴旋转前进的行为。观察当其穿过狭窄缝隙或当其在前进过程中触及大物体时有何反应。

（2）形态结构。选择一个较清晰而又不太活动的个体，换高倍镜观察其下述结构。

表膜　虫体最外层具弹性的薄膜，当其穿过窄隙时体形可改变。

纤毛　将光线调暗些，即可看到虫体体表遍覆纤毛。由于纤毛的摆动引起水流，使虫体得以运动，并不断获得食物。

外质和内质　表膜内透明无颗粒的为外质，外质里面为颗粒状的内质。

刺丝泡　位于外质内，与表膜垂直排列，呈椭圆形。受到刺激时，能放出刺丝。

口沟、胞口和胞咽　自虫体前端起有一斜向后行，直达体中部的凹沟，即口沟；口沟后端经胞口导入胞咽。胞咽呈短管状，内有纤毛形成的波动膜。

食物泡　口沟纤毛的摆动使食物随水流到达胞咽的底部，形成食物泡。食物泡形成后，脱离胞咽，向体后端移动，再由背侧向前、腹侧向后运行。在移动的过程中食物逐渐被消化，不能消化的食物残渣由胞肛排出体外。如在培养液中加入极少量墨汁，则食物泡的形成、运行、排出的全过程可清晰见到。

伸缩泡　虫体的前端和后端各有一个圆形亮泡，即伸缩泡。当其收缩时可见四周出现 6 或 7 条放射状排列的长形透明小管，即收集管。注意观察前后两个伸缩泡收缩的特点。

细胞核　在盖玻片的一侧滴一滴 5%冰醋酸，在另一侧用吸水纸将染液引入盖玻片下，过 2～3min，即可看到虫体中部被染成黄白色的肾形大核及其旁的点状小核。同时虫体因冰醋酸的刺激，刺丝泡放出刺丝。

(3) 草履虫玻片标本的观察。

a. 草履虫横分裂装片的观察。

注意观察核分裂的情况。

b. 草履虫接合生殖装片的观察。

注意两个虫体的接合部位，理解接合生殖的意义。

2. 眼虫的培养与观察

1) 采集与培养

在腐殖质较多的池塘或临时积的污水中，尤其是有臭味、发绿色并冒泡的水中，更易采集到眼虫。取富含腐殖质的泥土 50g，加 500ml 清水煮沸 20min，置室温下 1d 即可接种眼虫。接种后置 20℃左右室温下，1 周后可得大量眼虫。眼虫培养液应及时观察，否则环境条件改变虫体表面会形成厚壁圆形的包囊，影响实验观察。

2) 眼虫的形态与结构

取培养液在低倍镜下观察，可见许多纺锤形、绿色活泼游动的眼虫。虫体前端钝圆，后端稍尖；外层表膜极薄。虫体前端伸出一根鞭毛，将光线适当调暗可清楚看到鞭毛不停地挥动，使眼虫旋转前进。虫体前端凹陷处为胞口，胞口内与储蓄泡相连的管状凹陷为胞咽。眼点位于储蓄泡旁，具感光作用。略呈圆形的叶绿体悬浮于细胞质内，细胞核位于虫体中部膨大处，加一小滴 1%碘液能将细胞核染成褐色。观察眼虫玻片标本，注意其生殖方式——纵二分裂。

3. 变形虫的观察

1) 采集

变形虫常生活在较为洁净、缓流的小河水面上的浮渣或水草等物体上，刮取物体上的黏稠物即可得到。

2) 变形虫的形态与结构

在低倍镜下观察，可看到边缘为浅蓝色，呈不规则团块状，且不断缓慢改变形状的变形虫。初次观察变形虫往往不易发现，根据上述特点，可在暗视野下仔细寻找。变形虫的质膜极薄，显微镜下不易区分。质膜内的细胞质可清楚地区分为两部分：近质膜周缘部分薄而透明，无颗粒，为外质；中央部分较暗，具颗粒，为内质。当变形虫运动时，细胞质随之流动，体表不断突出形成伪足。内质中有大小不等的许多食物泡和一个伸缩泡。若跟踪观察一个变形虫一段时间，便可清楚看到伸缩泡的收缩。扁圆形细胞核位于内质的中央，在玻片标本中细胞核被甲基绿染成绿色。

4. 疟原虫的观察

1) 采集

取疟原虫病患者的血液，制成血涂片即可观察（可购买疟原虫涂片标本观察）。

2）观察疟原虫的生活史

疟原虫生活史各期使用油镜观察，镜下红血细胞被染成浅红色，红血细胞中各期疟原虫的细胞质被染成蓝紫色，细胞核被染成红色。仔细辨认下列各期。

滋养体　裂殖子侵入红血细胞后，首先发育为环状滋养体。环状体很小，镜下可见其中央有一大空泡，周围是细胞质，细胞核偏于一边。由环状体进一步发育成变形虫状大滋养体后，细胞质中的空泡消失，出现疟色粒。

裂殖体　较大，几乎充满整个红血细胞，可见细胞核分裂成几块，但细胞质尚未分裂。

裂殖子　裂殖体的细胞质分裂，包围在每个子核的周围形成许多卵圆形的裂殖子。

大配子体　充满红血细胞，细胞核偏于一边，核质较致密，疟色粒较粗大。

小配子体　细胞核位于中部，核质较疏松，疟色粒较细小。

作业

1. 绘制草履虫结构图，规范标明主要结构。
2. 熟悉疟原虫的生活史。

思考题

1. 原生动物作为单细胞动物是如何完成其生命活动的？
2. 自由生活的原生动物栖息环境有何区别？

实验二

水螅和其他刺胞动物的观察

实验目的

通过对水螅及其他刺胞动物的观察，了解刺胞动物门的主要特征和一般结构，理解结构和功能的关系。

实验内容

1. 活体水螅的观察。
2. 刺细胞的观察。
3. 水螅纵切片、横切片的观察。
4. 刺胞动物分类标本观察。

实验材料与用具

1. 材料：①活体水螅；②水螅纵切片、横切片；③水螅过精巢、卵巢切片，水螅神经网装片，海月水母、海葵的浸制标本，珊瑚虫骨骼标本。

2. 用具：显微镜，体视镜，擦镜纸，培养皿，解剖针，载玻片，盖玻片，5%冰醋酸。

实验操作与观察

1. 活体水螅的观察

将水螅放于盛有少量采集地生活水的培养皿中（以水能没过虫体为宜），待其完全伸展后，置于体视镜下观察。可见水螅体呈圆柱状，附着在培养皿的一端称为基盘，另一端呈圆锥状，称为垂唇。垂唇中央为口，周围有触手环绕（一般6～10条）。有的个体一侧生有侧枝，为无性生殖的芽体。有的个体具1或2个丘状突起，是进行有性生殖的生殖腺——精巢或卵巢。

★试投入水蚤，观察水螅的捕食过程。用解剖针将水搅动或轻轻触动水螅的一条触手，观察水螅有何反应。再用力触动一下，又有何反应？为什么？

2. 刺细胞的观察

将水螅放在5%冰醋酸中浸泡2min，取出放在载玻片上，加盖玻片在低倍镜下观察，可见到略呈圆形的刺细胞，其端部放出刺丝。转高倍镜可看到刺丝囊。★注意能观察到几种刺丝囊，它们有何功能？刺丝发出后刺细胞会怎样？

3. 水螅纵切片、横切片的观察

将水螅的纵切片置于低倍镜下，辨认其口、垂唇、触手、消化循环腔及基盘。注意观察触手内的腔与消化循环腔的关系及芽体与母体体壁的关系。再在高倍镜下仔细分辨水螅的外胚层、中胶层和内胚层，然后再配合水螅的横切片，认真观察体壁的结构。

1）外胚层

较薄，由多种细胞组成。

外皮肌细胞　细胞呈柱状，较大，细胞核清晰，数量最多，排列整齐。

间细胞　位于外皮肌细胞之间，是一些小圆形的未分化的细胞，常数个堆在一起。★间细胞有何功能？

刺细胞　位于外皮肌细胞之间，数量较少，细胞较大，中央有一染色较深的圆形或椭圆形的刺丝囊。

神经细胞和感觉细胞　位于外胚层的基部，紧贴中胶层，数量较少，不经特殊染色不易观察到，需仔细寻找。

2）中胶层

位于内、外胚层之间，薄而透明，是由内、外胚层细胞分泌的一层非细胞结构的胶状物质，染色较深。

3）内胚层

较厚，组成内胚层的细胞主要有以下几种。

内皮肌细胞　占内胚层细胞的大多数，细胞大，核清晰，细胞内有许多大小不一的食物泡。

腺细胞　散布在内皮肌细胞间，着色较深，内含较多的分泌颗粒。★注意观察腺细胞在哪里分布最多，有何功能？

此外，还有少量的感觉细胞和间细胞。

4. 示范标本观察

1）水螅过精巢、卵巢切片

观察精巢、卵巢的结构。★它们是从哪个胚层分化而来？

2）水螅神经网装片

观察神经细胞的形状。★神经细胞间如何联系？

3）海月水母浸制标本

辨认其口面和反口面、口腕。★其消化循环腔、生殖腺的来源、感觉器官结构与水螅、水母有何不同？

4）海葵浸制标本

观察口道和口道沟。★其消化循环腔、生殖腺的来源与水螅有何不同？

5）其他

脑珊瑚、柳珊瑚、红珊瑚、菊珊瑚等珊瑚虫骨骼标本观察。

作业

绘制水螅纵切片或横切片的结构图，并注明各部分的名称。

思考题

1. 水螅受到刺激后，身体的收缩与哪些结构有关？
2. 水螅、海月水母、海葵在分类学上代表哪 3 个纲，主要的区别有哪些？

实验三

涡虫和寄生扁虫的观察

实验目的

1. 通过对涡虫外部形态和结构的观察，了解涡虫纲的基本特征，认识涡虫纲的常见种类。

2. 通过对华枝睾吸虫和猪带绦虫的观察，了解吸虫纲和绦虫纲的基本特征及寄生虫对寄生生活的适应。

实验内容

1. 涡虫活体观察。
2. 涡虫整体装片观察，了解涡虫内部构造。
3. 涡虫横切片观察，了解其体壁构造。
4. 华枝睾吸虫整体装片观察。
5. 猪带绦虫头节、成熟节片和妊娠节片的观察。
6. 示范：微口涡虫、平角涡虫浸制标本；日本血吸虫、布氏姜片虫玻片标本。

实验材料与用具

1. 材料：①活体涡虫；②涡虫整体装片标本、涡虫横切面玻片标本；③华枝睾吸虫整体装片标本；④猪带绦虫头节、成熟节片和妊娠节片的装片标本；⑤微口涡虫、平角涡虫浸制标本；⑥日本血吸虫雌、雄成体整体装片标本；⑦布氏姜片虫整体装片标本。

2. 用具：显微镜，体视镜，放大镜，解剖器，培养皿，烧杯，毛笔，吸水纸等。

实验操作与观察

1. 涡虫活体观察

用毛笔蘸取1条涡虫放入培养皿中，用放大镜观察其外形。取小块新鲜猪肝置于培养皿中，在体视镜下观察涡虫如何移动，待其爬上食物1min后，迅速以解剖针将其翻转为腹面向上，观察从口中外翻出的肌肉质咽。

2. 涡虫整体装片的观察

1）外部形态

涡虫虫体扁平，背部微凸，灰褐色；腹面平坦，颜色较浅。口位于体后1/3位置的中央，口后是咽囊，内有肌肉质的咽，口的后方有一生殖孔。虫体前端略呈三角形，两侧突起称耳突，耳突内侧有1对黑色眼点；后端稍尖。

2）内部结构

（1）消化系统。有口、咽和肠，无肛门。肠分3支，1支向前，2支向后，每个肠支又有许多侧支。

（2）排泄系统。虫体两侧各有1条弯曲的纵排泄管，通过毛细管与末端的管细胞和帽细胞相连。

（3）神经系统。低倍镜观察可见体前端有1对神经节组成的“脑”，由此沿身体两侧后行有2条纵神经索，索间有许多横神经相连，呈梯形，脑还发出神经到眼点、耳突等部位。

（4）生殖系统。雌雄同体。

a. 雌性：虫体前端眼点后方有1对椭圆形卵巢，各经输卵管沿虫体两侧后行，在咽后方汇合通入生殖腔。生殖腔前方有1个交配囊也通入生殖腔。输卵管两侧有许多颗粒状的卵黄腺。

b. 雄性：虫体两侧有许多圆球形精巢，经输精小管通入1对输精管，输精管在咽部膨大为储精囊，储精囊在生殖腔前汇合成阴茎通入生殖腔。生殖腔由生殖孔通体外。

3. 涡虫横切片的观察

1）外胚层

为体壁最外一层柱状上皮细胞，其间分布有色深、条状结构的杆状体和囊状的含深色颗粒的腺细胞，腹面的表皮细胞具纤毛，表皮细胞内为非细胞结构的基膜。

2）中胚层

形成肌肉组织和实质组织，紧贴基膜内侧的是环肌，依次是斜肌和纵肌，它们与表皮共同构成体壁——皮肌囊。背腹体壁间还有背腹肌相连。在体壁与消化管之间充满网状、含许多黄色小泡的实质组织，无体腔。

3）内胚层

形成单层肠上皮。

4. 华枝睾吸虫整体装片观察

身体扁平，呈柳叶状，体长 10～25mm，宽 3～5mm，口吸盘大于腹吸盘，腹吸盘位于体前 1/5 腹面。口位于前端肌肉质的口吸盘中央，口后为肌肉质的咽，后接食道，食道后分为 2 条盲管状的肠支位于身体两侧。排泄管为 2 条略弯曲而有许多分支的管道，2 条排泄管在虫体后端汇合成排泄囊，开口于身体末端。雌雄同体，2 个精巢位于虫体后 1/3，分支状，前后排列，每个精巢发出 1 条输精小管，汇合成输精管，向前扩大成储精囊，储精囊向前行并开口于腹吸盘前的雄性生殖孔。卵巢 1 个，略呈分叶，位于精巢前方，由一短的输卵管通到前面的子宫，子宫内充满卵细胞，迂回前行开口于腹吸盘前的雌性生殖孔。卵巢的后方有 1 个受精囊和 1 条劳氏管。

5. 猪带绦虫装片观察

身体由许多节片组成，分为头节、颈节、未成熟节片、成熟节片和妊娠节片。头节球形，有 4 个大而圆的吸盘，顶端有顶突，上有两圈小钩。成熟节片近似方形，节片内两侧各有 1 条纵排泄管，每节片后端有 1 条横排泄管相连；雌雄同体，每节片内都有雌、雄生殖器官。精巢多个，圆球形，分布于体两侧，每个精巢连一输精小管，汇合成 1 条输精管，末端为阴茎囊，内有阴茎通到生殖腔，外通生殖孔。卵巢 1 个，分左右两大叶和中央一小叶，卵巢后端有卵黄腺，输卵管与卵黄管汇合为成卵腔，周围有梅氏腺，输卵管前行连一细长的阴道，开口于生殖腔，外通生殖孔。另外，节片中央有一基部与输卵管相连端部封闭的囊状子宫。妊娠节片的长度为宽度的 2 倍以上，几乎均为子宫占据；子宫分支状，每侧约 7～13 支，充满虫卵。

6. 示范标本观察

1）微口涡虫

淡水生活，虫体横分裂形成一串节体，每一节体均有口和肠，第一节体有纤毛窝。

2）平角涡虫

海水生活，身体宽大，椭圆形，虫体前端有 1 对触角，口在腹面正中，经咽入肠，肠道有许多侧支。雌雄同体。

3）日本血吸虫

雌雄异体。雄虫粗短，体前端有口吸盘和腹吸盘，腹吸盘之后虫体两侧向腹面内褶形成抱雌沟，7 个精巢，前后排列，生殖孔开口于腹吸盘后方。雌虫细长，卵巢椭圆形，不分叶，生殖孔开口于腹吸盘后方。

4）布氏姜片虫

虫体大而肥厚，腹吸盘明显大于口吸盘，食道很短，肠在腹吸盘前分为 2 条肠管，位于体两侧呈波浪形弯曲。雌雄同体，精巢 2 个，位于体后部，分支状前后排列。卵巢 1 个，位于精巢前，分支状。

作业

1. 绘制涡虫横切面图，注明结构名称。
2. 绘制华枝睾吸虫全形图，注明结构名称。
3. 绘制猪带绦虫成熟节片图，注明结构名称。

思考题

1. 自由生活的涡虫和寄生生活的吸虫、绦虫在形态、生理和行为上有何主要区别？
2. 装片是如何制作的？

实验四

蛔虫和环毛蚓的比较观察

实验目的

1. 通过对环毛蚓外部形态及内部结构的观察，了解假体腔动物的一般特征。

2. 通过对环毛蚓（真体腔动物）外部形态及内部结构的解剖观察，了解环节动物门的基本特征。

3. 通过对蛔虫（假体腔动物）和环毛蚓（真体腔动物）的比较观察，了解环节动物的进步性特征，以及动物形态、器官系统结构与机能逐渐演化发展和完善的进化过程。

4. 掌握蠕虫的解剖方法。

实验内容

1. 解剖观察假体腔动物（蛔虫）。

2. 解剖观察真体腔动物（环毛蚓）。

3. 比较观察蛔虫和环毛蚓。

实验材料与用具

1. 材料：①蛔虫雌、雄浸制标本，蛔虫的横切片；②环毛蚓浸制标本，环毛蚓横切片。

2. 用具：显微镜，体视镜，放大镜，解剖器，解剖盘，大头针，擦镜纸。

实验操作与观察

1. 对称形式的比较观察

用体视镜或放大镜观察两种动物的整体浸制标本，比较其对称形式，并思考其与各自生活环境和生活方式的关系。

2. 体节、体壁和体腔的比较观察

用体视镜或放大镜观察两种动物的整体浸制标本，可见蛔虫的身体不分节，环毛蚓的身体有明显的分节现象。★分节现象在动物进化上有何重要意义？

在显微镜下分别观察两种动物的横切片，比较其体壁结构的异同。蛔虫的体壁由角质膜、表皮层和肌肉层组成。★各来自哪一胚层？各有何功能？环毛蚓的体壁由角质膜、表皮层、肌肉层和体腔膜组成。★各来自哪一胚层？各有何功能？

用显微镜观察两种动物的横切片，并对照观察其解剖标本，比较其体腔。在蛔虫体壁的肌肉层与肠之间的空腔为假体腔（原体腔或初生体腔）。环毛蚓有真体腔，由来源于中胚层的体腔膜包裹，隔膜将真体腔分隔成许多小室。★假体腔和真体腔在形态结构、发生和功能上各有何异同？

3. 蛔虫和环毛蚓内部结构的比较解剖观察

1）蛔虫和环毛蚓的解剖

将蛔虫和环毛蚓整体浸制标本置于解剖盘中覆以清水，辨认前后、背腹、雌雄后分别进行解剖。一只手执蠕虫浸制标本，另一只手执解剖剪，先在虫体后端略偏背中线处剪一小口，以剪刀尖插入小口，与背中线平行从肛门前一直剪到前端。剪时注意剪刀尖上挑，以防伤及内部结构。剪开后，用镊子拉开体壁，用大头针将体壁固定在解剖盘上。插针时大头针与解剖盘呈45°角，左右两边的大头针相间排列，以开阔观察视野。

2）消化系统的比较观察

用放大镜观察蛔虫和环毛蚓的解剖标本，比较其消化系统结构的异同。蛔虫的消化系统是由口、咽、肠、直肠及肛门组成的长扁形的消化管。★各由什么胚层发育而来？各有何功能？环毛蚓的消化道由口、口腔、食道、嗉囊、砂囊、胃、肠、盲肠和肛门组成。★各有何功能？消化道的进一步分化有何意义？

3）呼吸、排泄和循环系统的比较观察

用放大镜观察蛔虫和环毛蚓的解剖标本，比较其呼吸、排泄和循环系统结构的异同。这两种动物均无专门的呼吸器官。★它们都是如何完成气体交换的？

蛔虫的排泄器官是由一个原肾细胞特化形成的“H”形管，2条纵排泄管位于侧线内；环毛蚓的排泄器官为后肾管，每体节有1对。★原肾管和后肾管的结构和功能有何不同？后肾管的出现有何意义？

蛔虫无专门的循环系统。★它是如何完成物质运输的？环毛蚓的循环系统主要由1条背血管、1条腹血管、2条食道侧血管、1条神经下血管和4对连接背腹血管的环血管即心脏组成。★循环系统的出现在动物进化上有何意义？

4）神经系统的比较观察

用放大镜观察蛔虫和环毛蚓的解剖标本，比较其神经系统结构的异同。蛔虫的中枢神经系统由位于咽部的围咽神经环和由此向前向后发出的6条神经索组成；环毛蚓的中枢神经系统由脑、围咽神经、咽下神经节和位于腹面呈链状的腹神经索组成。

作业

绘制蛔虫及环毛蚓横切面结构，并注明其名称。

思考题

1. 蛔虫和环毛蚓两种动物在外形、体壁和内部结构上有何异同？
2. 理解真体腔和假体腔的区别及其意义。

实验五

无齿蚌的观察与解剖

实验目的

通过对无齿蚌外形及内部解剖结构的观察，了解软体动物门双壳纲动物的一般结构特征，以及它们与生活环境相适应的特点。

实验内容

1. 无齿蚌的外形观察。
2. 无齿蚌的内部解剖。

实验材料与用具

1. 材料：①无齿蚌浸制标本；②无齿蚌鳃切片、外套膜切片，钩介幼虫装片。
2. 用具：显微镜，体视镜，放大镜，解剖器，解剖盘等。

实验操作与观察

1. 外形观察

无齿蚌在泥沙中营底栖生活，只有蚌体后部露出泥沙，身体柔软，由两片完全对称的贝壳保护。贝壳的前端钝圆，后端稍尖，背面铰合（称铰合部），腹面分离。当无齿蚌处于生活状态时，可见其前端腹方伸出足，后端伸出入水管和出水管。

将无齿蚌浸制标本置于解剖盘中观察其外形。

壳顶　为贝壳近前端背面稍隆起的部位，也是贝壳最先形成的部分。

韧带　位于壳顶后方的铰合部，为一富有弹性的黑褐色角质物。

生长线　由壳顶至腹缘有许多以壳顶为中心的环状纹。

2. 内部解剖

以左手持蚌，使左壳（从贝壳后端向前看，位于壳顶左侧的壳）朝上，右手持解剖刀柄（或解剖剪）从两壳腹面合缝处平行插入壳内，转动刀柄（或解剖剪）撑开两壳，再用镊子柄代替刀柄（或解剖剪）固定之，取出解剖刀（或解剖剪）。用刀柄先分离贴附在左壳内的外套膜，再把刀锋伸进左壳与外套膜之间，紧贴贝壳，切断前、后闭壳肌。揭开左壳，可见到壳内前端有肌痕3个，最大的为前闭壳肌痕，在其内侧背方较小的是前缩足肌痕、腹面的是伸足肌痕；壳后端有肌痕2个，大的为后闭壳肌痕，其内侧背方较小的为后缩足肌痕。另外有一条与腹缘平行的曲线痕为外套膜肌痕（即外套线）。

无齿蚌的头部退化，软体部分主要包括外套膜、足、鳃和内脏团，可依次观察。

1）外套膜和外套腔

去壳后可见紧靠于两壳内侧呈半透明膜状的结构为外套膜，其背面与内脏团皮肤相连，腹面游离；其后缘增厚合抱形成入水管（较大、边缘锯齿状）和出水管（较小、边缘平滑），水流由靠腹面的入水管流入，由背面的出水管流出。无齿蚌生活时左右外套膜互相紧贴、包围的空腔称为外套腔。

用镊子揭起左侧的外套膜，并沿着基部剪除，可见外套腔内容纳足、鳃和内脏团。

2）足

位于外套膜腹面近前方，斧状，富有肌肉。

3）呼吸系统

鳃位于足的后方两侧，每侧各有两片红褐色的鳃瓣，靠近外套膜的为外鳃瓣，靠近足部的为内鳃瓣。繁殖期的雌蚌外鳃瓣较肿胀，称为“育儿囊”，受精卵在其中孵化，可取少许涂片置于显微镜下观察其胚胎发育情况。每一鳃瓣由内、外鳃小瓣构成，呈“V”形；各鳃小瓣由许多背腹纵走的鳃丝和横向的丝间隔构成（一般雄蚌鳃丝粗而排列疏，雌蚌鳃丝细而排列密），两者相间形成许多窗格状的（入）鳃小孔；内、外鳃小瓣之间的空腔为鳃内腔，其被瓣间隔分隔成许多鳃水管。鳃瓣基部的管状腔称鳃上腔，用剪刀由出水管插入，沿后闭壳肌腹缘剪开，可见鳃上腔与各鳃水管相通，来自外套腔的水流从鳃小孔进入鳃水管，再经鳃上腔向后从出水管排出。

4）内脏团

位于足的背方，其中包埋着各种器官系统。

（1）循环系统。在贝壳铰合部的下方，可见心脏被一透明的围心腔膜所包被，解剖活蚌时剪除围心腔膜可观察到其搏动情况。

心脏　由一心室和位于心室两侧的左、右心耳构成。心室壁厚，直肠从中间穿过；两心耳呈三角形，壁薄，囊状。

动脉管　由心室向前和向后发出的血管。剪开心室，用解剖针沿直肠背方，向前挑起，可见一贴附于直肠表面向前延伸的膜质管，称为前大动脉；用同样的方法，在直肠的腹面找到向后延伸的后大动脉。

（2）排泄系统。由肾脏和围心腔腺组成。

肾脏　1对，位于围心腔的腹面，由肾体和膀胱构成。用解剖针挑起心脏，可见腹面两侧的黑褐色肾体，在围心腔前端有肾体的开口（即肾口）；肾体的背面连接薄膜状的膀胱，其排泄孔（即肾孔）开口于内鳃瓣的鳃上腔靠近顶端的部位。

围心腔腺　位于围心腔前端两侧，为赤褐色分支状腺体。

（3）生殖系统。雌雄异体（两者外形无异），生殖腺位于足的背侧内脏团中，自足基部剪开内脏团表皮（切勿弄断迂回在生殖腺中的肠管），可见其中呈葡萄状的腺体，卵巢略呈黄色，精巢呈白色，均以短管开口于排泄孔下方，称生殖孔。

（4）消化系统。

口　位于前闭壳肌的腹面，两侧各有1对触唇。

食道　为口后的短管。

胃　为食道后膨大的结构，用剪刀沿食道剪开，可见薄膜状而缺乏肌肉质的内壁。

肝脏　位于胃的周围，为呈淡黄褐色的消化腺，有管开口于胃中。

肠　从胃开始斜向下后方，盘旋于生殖腺中。用镊子小心除去生殖腺，可在肠的旁边找到一晶杆囊，挑开可见内有透明的柱状晶杆。

直肠　与肠相连，位于内脏团的背方，从心室穿过。

肛门　直肠在后闭壳肌上方的鳃上腔中的开口。

（5）神经系统。不发达，由3对分散的神经节组成，它们之间有神经索相连。

脑神经节　淡黄色，位于食道两侧、前闭壳肌与伸足肌之间。

足神经节　双瓣状，埋于足与生殖腺交界处近中部的肌肉中，纵剖开斧足或沿着脑神经节向腹面发出的脑足神经连索的去向找寻。

脏神经节　黄褐色，紧贴于后闭壳肌的腹面，揭去后闭壳肌腹面的薄膜，可以观察到脏神经节及其发出的脑脏神经连索。

（6）肌肉系统。掀起内脏团和右侧的外套膜，可以看到各肌肉柱与右壳肌痕附接。用镊子牵动缩足肌和伸足肌，观察斧足的走向。

作业

绘制无齿蚌内部结构图，并注明各部名称。

思考题

1. 把活无齿蚌静置于清水中，在蚌体后端注入数滴墨汁，观察墨汁进出蚌体的过程，试述流经无齿蚌体内的水流有何生理意义？

2. 理解外套膜、外套腔和外套线的含义。

实验六

乌贼的观察与解剖及软体动物的分类

实验目的

1. 通过观察乌贼的外形和内部解剖结构，了解软体动物头足纲的一般特征。
2. 认识软体动物各纲的代表种类，并比较它们的主要异同。

实验内容

1. 乌贼的外形观察。
2. 乌贼的内部解剖。
3. 软体动物各纲动物的比较观察。

实验材料与用具

1. 材料

实验材料：乌贼浸制标本。

示范材料：枪乌贼，章鱼，田螺，钉螺，蜗牛，扁卷螺，椎实螺，鲍，红螺，毛石鳖，角贝等。

2. 用具：显微镜，放大镜，解剖盘，解剖器等。

实验操作与观察

1. 乌贼的外形

取浸制的乌贼标本，放在解剖盘中，加入少许水，观察其外形。

1）头部

椭圆形，顶端中央为口，两侧有 1 对发达的眼，在头部的前方有 5 对腕，内侧有许多吸盘，其中以第 4 对特别长，称触腕，有捕食作用。雄性左侧第 5 腕特化为生殖腕，又称茎化腕。

2）颈部

为头之后较细小的部分。

3）躯干部

卵圆形，背腹略扁平。

外套膜和外套腔　　包围在躯干部的一层较厚的肌肉为外套膜。外套膜在腹面与内脏团分离，形成的 1 个空腔是外套腔。

鳍　　位于躯干两侧，为 1 对狭长的皮肤皱褶。

壳　　退化，包被在躯干部背面的皮肤之下。

漏斗　　躯干部前端腹面，有一肌肉质的管状漏斗，窄小部分向前与外界相通，宽大部分向后与外套腔相通。

2. 乌贼的内部解剖

将乌贼腹面向上，用解剖剪沿着外套膜侧缘，将腹面的外套膜剪掉，观察剪下来的外套膜在其内壁前端有两个纽扣状突起，可与漏斗基部腹壁两个软骨凹陷相嵌合，形成闭锁器。将乌贼置于解剖盘中，观察鳃、肛门、肾脏、墨囊和生殖器官等。

1）呼吸系统

鳃　　1 对。位于外套膜内，呈羽毛状。

2）生殖系统

雌雄异体。生殖腺位于体后端。

(1) 雌性生殖器官。

卵巢　　1 个，在生殖囊内。用剪刀小心将此囊剪开观察。

输卵管　　位于卵巢的左侧，末端开口于直肠左侧外套腔内。

缠卵腺　　1 对，椭圆形，位于卵巢的腹面，其前端分别开口于外套腔内，与卵巢、输卵管无直接的联系。

副缠卵腺　　1 对，位于缠卵腺上方。

(2) 雄性生殖器官。观察时须将生殖器官全部取出，将包裹着生殖器官的薄膜剪开撕除，并将各部分分离开来。

精巢　　1 个，白色，位于生殖囊内。

输精管　　位于精巢的左侧，是 1 条细长卷曲的小管。中段膨大为一贮精囊及一前列腺，在贮精囊下为精荚囊和细长的阴茎，末端以生殖孔开口于直肠左侧的外套腔内。

3）排泄系统

肾脏　　为囊状，由左右两腹囊和 1 个背囊组成。在观察时，如果是雌的乌贼，应将缠卵腺和副缠卵腺小心除去。腹囊在直肠两侧，各以排泄孔开口于外套腔内。背囊位于直肠背方。

4）循环系统

(1) 心脏。位于体腹面，由一心室和两心耳组成。

心耳　1对，紧接于鳃心的前方、心室两旁，壁薄。

心室　1个，位于两心耳之间，壁厚。

(2) 鳃心。在左右鳃的基部有一膨大的部分称鳃心。其后有一圆形的鳃心附属腺。

(3) 前大动脉。由心室向前发出的1条血管，沿中线与食道平行直至头部。

(4) 后大动脉。由心室向后发出的1条血管，有分支到胃及其他内脏器官。

(5) 前大静脉。1条，与前大动脉平行，是从头部及体前部下行至肾，在肾的前端分成两支，各通过肾脏，分别入左、右两边的鳃心。

(6) 后大静脉。2条，将血由体后部分别输送到两边的鳃心。

5) 消化系统

除去循环系统，观察消化系统。将肝脏向两边分开，使食道露出，并找出唾液腺。再在头部腹面中央剪开皮肤、肌肉和软骨，使口球和食道的上端露出。

口　位于头部前端中央，被腕所包围。口的周围有围口膜。

口球　位于口后，是一富有肌肉质的球状物，用剪刀将口球纵剪开来，可见内有1对鸟喙状的颚和1个齿舌。

食道　位于口球之后，穿过头部软骨，夹在右右两肝之间，为一细长的管子。

胃　位于食道之后，为一厚肌肉质的囊。

胃盲囊　位于胃与肠的交界处，为一薄壁的囊。

肠　位于胃和胃盲囊之后，以肛门开口于外套腔中。

肝脏　位于食道两侧。较大，为淡绿色或淡褐色长圆锥形的腺体。

胰脏　为浅黄色葡萄状腺体。附在肝管上。

唾液腺　位于食道附近，肝脏前端的背侧，为1对白色的豆状腺体。

墨囊　位于体后端，胃的腹面，囊状。有墨囊管与肠并行。其末端与肛门共同开口于外套腔中。

6) 神经系统

用镊子将头软骨揭开，可见一团神经节，是由脑神经节、脏神经节和足神经节组成。

脑神经节　位于食道背面，向左右发出视神经，在其基部膨大成眼神经节。

足神经节　位于食道的腹面，发出神经到各腕和漏斗。

脏神经节　位于食道的腹面，足神经节的后方，发出神经到内脏和外套膜。

星芒神经节　1对，位于外套膜内表面，呈星芒状。是由脏神经节发出的较大神经，到外套膜前壁所形成的神经节。

7) 内骨骼

除头软骨（包住头部神经节）和在漏斗基部的两个软骨凹陷（漏斗软骨）及在外套膜内壁前端的纽扣状突起（外套软骨）外，在躯干部背面皮肤下还有1块石灰质的“骨骼”，称为海螵蛸。用剪刀将躯干部背面沿身体纵轴将皮肤剪开一裂缝，即可将海螵蛸取出。

3. 软体动物各纲动物外形观察

1）多板纲

毛石鳖　　海产，是我国沿海岩石上常见的一种动物。体椭圆形，背面略隆起，有8块横列的石灰质的贝壳，周围有一圈外套膜，上有9对能自由开闭的棘丛。腹面平坦，体前端为头部，中央有口，头后面是扁而宽的足，足与外套膜之间形成一狭沟，即外套沟，沟中有多对鳃。

2）腹足纲

蜗牛　　常栖息在花园、菜园中，用齿舌刮食植物的嫩叶。贝壳螺旋形，由壳顶至壳孔共有6个螺层，无厣。在正常状态下，可以看到蜗牛的头部和足部伸出壳外，在头部有两对触角，第2对触角长，顶端具眼，在头部偏腹面有口，靠近壳口的边缘有一呼吸孔，与外套腔相通。遇到危险时，头部和足缩入壳内，以黏液封闭壳孔。

田螺　　生活在池沼、湖泊、水田中。贝壳较大，螺旋形，无肋纹，壳顶较尖，体螺层特别大，具厣。头部明显，有触角1对，基部有眼。雌雄异体，雄性的右触角比左触角粗而短。

鲍　　海产。体螺层极宽大，壳口与体螺层的大小相等，卵圆形，无厣。自第2螺层的中部开始，直至体螺层的边缘，具有1列距离相等的突起和小孔。足肥大，扁平而圆，肉质鲜美。贝壳叫石决明，可作为药用，治眼病。

红螺　　壳大且厚，螺层约6层，体螺层特别发达，壳口大，内面杏红色，具光泽。厣坚固棕褐色。其肉可供食用。

钉螺　　为日本血吸虫的中间宿主。体甚小，长度一般不超过1cm，壳呈尖甲状，表面有的光滑，有的具纵肋。壳口卵圆形，其边缘略向外翻。

椎实螺　　为肝片吸虫的中间宿主。壳薄，稍透明，一般为淡黄色，壳口较大，无厣。头部前方两侧各有一个触角，两眼着生在两触角的基部内侧。

扁卷螺　　为姜片虫的中间宿主。壳呈圆盘状，上下扁。螺旋部是在一个平面上旋转的，贝壳一般为红褐色，很薄。

3）掘足纲

角贝　　壳呈牛角状，两端开口，上端较细，下端较粗。足极发达，可从贝壳里伸出掘挖泥沙，潜伏在泥沙里生活。

4）瓣鳃纲

无齿蚌、三角帆蚌等，详见实验五。

5）头足纲

章鱼　　海产。具8条腕。躯干部呈圆球形，无鳍。内壳一般退化或完全消失，肉很肥厚，是一种优良的海产食品。

枪乌贼　　海产。具10条腕。头和躯干均较狭长，躯干末端尖。鳍呈三角形，体内背部的内壳是一个角质的叶状薄片。

作业

绘制乌贼外形及其消化系统图。

思考题

1. 比较说明软体动物各纲的主要不同点。
2. 从结构上分析乌贼是如何实现其快速运动的。

实验七

蝗虫的观察与内部解剖

实验目的

通过观察棉蝗的外形和内部结构，了解昆虫的一般特征。

实验内容

1. 棉蝗的外形观察。
2. 棉蝗的内部解剖。

实验材料与用具

1. 材料：棉蝗浸制标本。
2. 用具：解剖器，解剖盘，放大镜，显微镜，载玻片，盖玻片，甘油。

实验操作与观察

将浸制标本用清水冲洗、浸泡，除去药液后放于解剖盘内进行实验。

1. 棉蝗的外形

棉蝗浸制标本呈黄褐色（活体一般呈青绿色），可明显分为头、胸和腹 3 个部分。雌雄异体，雄虫较雌虫小。

1）头部

卵圆形，其外骨骼愈合成一坚硬的头壳。头壳的正前方为略呈梯形的额，额下连一长方形的唇基；额的上方为两只复眼。复眼的背上方为头顶；复眼下方、头的两侧为颊。头顶和颊之后为后头。

（1）复眼。1 对，椭圆形，棕褐色，位于头部两侧。用刀片自复眼表面切下一薄片，置载玻片上，加甘油制成装片，于显微镜下观察复眼组成。

(2) 单眼。3个，形小，黄色，1个在额的中央，2个分别在两复眼内侧上方，3个单眼排成倒“品”字形。

(3) 触角。1对，位于额上部两复眼内侧，细长呈丝状，由柄节、梗节及鞭节组成，鞭节又分为许多亚节。

(4) 口器。咀嚼式。用镊子自前向后将口器各部分取下，依次放在解剖盘上，用放大镜观察其构造。取口器各部分时，注意观察其着生的位置，用镊子夹住其基部，顺其生长方向用力拉下，以保持结构的完整。

上唇　1片，呈长方形，下缘中央有一缺刻。上唇连于唇基之下，覆盖口器的前方。

大颚　1对，为坚硬的几丁质块，位于颊部下方，被上唇覆盖。大颚具臼齿部和切齿部。★其功用如何？

小颚　1对，位于大颚后方。其基部有一轴节，轴节前端与茎节相连。茎节端部外侧有瓣状的外颚叶，内侧有具齿的内颚叶。茎节中部外侧还有1根细长具5节的小颚须。

下唇　1片，位于小颚后方。其基部为一弯月形的后颏，前端连接能活动的前颏，前颏前缘有1对瓣状的唇舌，两侧有1对3节的下唇须。

舌　1个，卵圆形，有一小柄，位于口腔中央，大、小颚之间。舌表面有毛和细刺。

2) 胸部

由前胸、中胸和后胸3节组成，每节各有1对足。中、后胸背面各有1对翅。

(1) 外骨骼。为几丁质骨板，分为背板、腹板和侧板。

背板　前胸背板发达，马鞍形，向两侧和后方延伸；中、后胸背板较小，在前胸背板下方，被两翅覆盖，呈长方形，表面有沟，可分为若干小骨片。

腹板　前胸腹板在两足间有一囊状突起，指向中胸腹板，称前胸腹板突。中、后胸腹板合成一块，但明显可分；每腹板表面有沟，可分为若干骨片。

侧板　前胸侧板位于背板下方前端，退化为三角形小骨片。中、后胸侧板发达，其表面均有1条斜行的侧沟，将侧板分为前后两部。胸部有两对气门，一对在前胸与中胸侧板间的薄膜上，另一对在中、后胸侧板间、中足基部的薄膜上。

(2) 附肢。胸部各节依次着生前足、中足和后足各1对。前足、中足较小，为步行足；后足强大，为跳跃足。各足均分为基节、转节、腿节、胫节、跗节和前跗节。胫节后缘有2行小刺，末端还有数枚距，注意小刺的排列形状与数目。跗节又分为3节，第1节较长，有3个假分节，第2节很短，第3节较长。前跗节包括爪1对，爪间有一中垫。

(3) 翅。2对，有暗色斑纹，各翅贯穿翅脉。前翅着生于中胸，革质，形长而狭，休息时覆盖在背上，称为覆翅。后翅着生于后胸，膜质，扇形，翅脉明显，休息时折叠而藏于覆翅之下。注意观察其脉相。

3）腹部

与胸部直接相连，由11个体节组成。

外骨骼　较柔软，每节由背板和腹板组成，侧板退化为连接背、腹板的侧膜。第1腹节与后胸紧密相连，雌、雄蝗虫第1至第8腹节形态结构相似，背板两侧下缘前方各有1个气门，第1腹节气门后端各有1个听器。第9、10腹节背板合并，中间有一浅沟。雌虫第9、10两节无腹板，第8节腹板向后端延伸成导卵器。雄虫第9、10节腹板愈合，顶端形成生殖下板。第11节背板组成背部三角形的肛上板。两侧各有一三角形的肛侧板。第10节后缘两侧各有一尾须。

外生殖器　雌虫的外生殖器为一产卵器，雄虫则为一交配器。产卵器由背瓣、腹瓣各1对组成，位于腹部末端。交配器为一突起状的阳茎，将生殖下板向下压即可看到。

2. 内部解剖

先剪去翅和足，再从腹部末端尾须处开始，沿腹部两侧气门上方自后向前剪开，剪开头部与前胸间的颈膜，小心将完整的背壁取下，依次观察下列器官系统。

1）循环系统

把剪下的腹部背板翻起，小心观察其内壁，可见中央线上有一细长的管状结构，即心脏。心脏按节有8个略膨大的部分，为心室，每室有心孔1对；心脏前端连一细管，即大动脉；心脏两侧有扇形的翼状肌。

2）呼吸系统

自气门向体内，可见许多白色分支的气管分布于内脏器官和肌肉中；在内脏背面两侧还有与气管相连的许多膨大的气囊。用镊子取出少许气管，放在载玻片上，加水制成装片，置显微镜下观察气管壁上的几丁质螺旋纹。★螺旋纹有何作用？

3）生殖系统

棉蝗为雌雄异体异形，实验时可交换观察。

（1）雄性生殖器官。

精巢　1对，位于腹部消化管的背方，左右相连成一长椭圆形结构，其上有许多精巢管。

输精管　1对，由精巢腹面两侧向后伸出。

射精管　1条，由两条输精管绕到消化管腹方汇合而成，其穿过生殖下板，开口于阴茎末端。

副性腺　射精管前端两侧的一些迂曲细管，通入射精管基部。

储精囊　1对，开口于射精管基部。仔细将副性腺的细管拨散开后可看到。

（2）雌性生殖器官。

卵巢　1对，位于腹部消化管的背方，由许多自中线斜向后方排列的卵巢管组成。

卵萼　卵巢两侧1对略粗的纵行管，即卵萼，产卵时可暂时储存卵粒。卵萼后行为输卵管。

输卵管　将消化管末段向背方略挑起，可见两条输卵管在身体后端绕到消化管腹方汇合成1条阴道，以生殖孔开口于两产卵腹瓣之间。

受精囊　自生殖腔背方伸出一弯曲小管，其末端形成的一椭圆形囊。

副性腺　卵萼前端一弯曲的管状腺体。

4）消化系统

消化道可分为前肠、中肠和后肠。用镊子移去精巢或卵巢后进行观察。

（1）前肠。自口腔至胃盲囊，包括以下结构。

口腔　消化道最前端，由上、下颚和上、下唇围成的腔。

咽　口腔后的一段肌肉质短管。

食管　咽后一段小管。

嗉囊　食管后端膨大的囊状管道。

前胃　嗉囊之后，比嗉囊略细的一段肌肉质粗管。

（2）中肠。又称胃，在与前肠交界处向前、后各伸出6个指状胃盲囊。

（3）后肠。包括回肠、结肠及直肠3部分。

回肠　与胃连接的较粗的一段肠管。

结肠　回肠之后较细的一段肠管，常弯曲。

直肠　结肠后部较膨大的肠管，其末端开口于肛门，肛门在肛上板下方。

（4）唾液腺。1对，位于胸部腹面两侧，色白，葡萄状，有1对导管前行至舌的基部。

5）排泄器官

马氏管　为中肠、后肠交界处着生的许多细长的盲管，分布于血体腔中。

6）神经系统

剪开两复眼间头壳，除去胸部及头部的外骨骼和肌肉，但保留复眼和触角，再依次观察以下结构。

脑　位于两复眼之间，为淡黄色块状物。★注意观察脑发出的主要神经，各通向哪些器官？

围食管神经　为自脑发出的1对神经，分别经食管两侧，与食管下神经节相连。

腹神经链　位于腹中线上的白色神经索，由两条神经组成，在一定部位合并成神经节，并分出神经通向其他器官。★数数有多少个神经节，各在什么部位？

作业

绘制棉蝗的消化系统和神经系统图。

思考题

1. 从蝗虫形态和体内系统等方面理解昆虫的进步性特征和对陆生生活的适应性。
2. 什么叫蝗灾？造成蝗灾的是哪个物种？

实验八

昆虫的分类

实验目的

1. 识别昆虫口器、触角、翅、足的类型，理解昆虫结构与功能的统一性和昆虫生态环境多样性的特点。

2. 掌握昆虫纲主要目的特征，学会编写检索表并使用检索表鉴定昆虫。

实验内容

1. 昆虫口器的观察。
2. 昆虫触角的观察。
3. 昆虫足的观察。
4. 昆虫翅的观察。

实验材料与用具

1. 材料：①不同类型昆虫口器的装片（蝴蝶、家蝇、蝗虫、蚊等）；②昆虫纲常见目的干制标本（蝉、蝗虫、蝴蝶、蜂、蜻蜓、甲虫、蛾、蝇等）。

2. 用具：显微镜，体视镜，镊子，解剖针，软木等。

实验操作与观察

1. 口器

观察各种口器的装片，识别各种类型口器（咀嚼式、刺吸式、虹吸式、舐吸式等）的结构，了解其功能差异。

咀嚼式　由上唇、1 对上颚、1 对下颚、下唇和舌组成，取食固体食物，如蝗虫。

刺吸式　上颚和下颚特化成口针，如蚊。
虹吸式　上颚退化，下颚形成管状的喙，吸食时伸展成一直管，如蛾、蝶。
舐吸式　下唇发达，端部膨大成唇瓣，如蝇。

2. 触角

观察触角结构，了解触角的基本结构，触角第一节为柄节，第二节为梗节，其余为鞭节。了解不同类型触角（丝状、刚毛状、棒状、锯齿状、羽状、膝状、具芒状等）的特点。

丝状　细长，各节大小、形状相似，如天牛。
刚毛状　短，柄节、梗节粗大，其余各节似刚毛，如叶蝉。
棒状　似丝状触角，但端部膨大，如蝶类。
锯齿状　鞭节各亚节的端部呈锯齿状向一边突出，如部分叩甲。
羽状　鞭节各节向两侧突出呈细枝状，如很多蛾类的雄虫。
膝状　在梗节处呈肘状弯曲，如蜜蜂。
具芒状　鞭节不分节，其上有一刚毛状或芒状触角芒，如蝇类。

3. 足

观察足的结构，了解足的基本结构（基节、转节、股节、胫节、跗节、前跗节），了解不同类型足（步行足、跳跃足、携粉足、捕捉足、游泳足等）的结构与功能的差异。

步行足　最常见的一类足。
跳跃足　股节特别发达，如蝗虫后足。
携粉足　多毛，宽扁，基跗节大，如蜜蜂后足。
捕捉足　基节多延长，股节与胫节多具相对的齿或刺，如螳螂前足。
游泳足　略扁平，具较多缘毛，形状似桨，如龙虱。

4. 翅

观察翅的形状、质地等，区分翅的不同类型（膜翅、鳞翅、鞘翅等）。

膜翅　膜质，薄而透明，如蜻蜓。
鳞翅　膜质，密被鳞片，如蝶、蛾。
鞘翅　骨化坚硬，如甲虫类的前翅。

作业

根据已观察的昆虫形态特征，编写检索表。

思考题

1. 昆虫口器多样性及其与食性有什么关系？
2. 昆虫在目级分类阶元采用的主要分类特征有哪些？

实验九

海盘车和其他棘皮动物的观察

实验目的

1. 观察海盘车的外形与内部解剖结构，了解棘皮动物的基本特征。
2. 认识棘皮动物门各纲的一些种类。

实验内容

1. 海盘车的外形观察。
2. 海盘车的内部解剖。
3. 示范：蛇尾、海胆、海参、海百合等。

实验材料与用具

1. 材料

实验材料：海盘车浸制标本。

示范材料：蛇尾、海胆、海参、海百合浸制标本。

2. 用具：显微镜，体视镜，放大镜，解剖盘和解剖器等。

实验操作与观察

解剖海盘车时先除去不相邻的两条腕的背面体壁，观察腕内的结构。然后再除去其余各腕及中央盘外周部分的背壁。需注意保留中央部分的筛板及肛板。

1. 海盘车的外形观察

海盘车体形呈星状，由中央盘和5个辐射状排列的腕组成。反口面略拱起，口面平坦，体表粗糙。

棘　短钝，体表上数目众多。

棘钳　为棘间许多微小的钳状小棘。取一棘钳置体视镜下观察其构造。

皮鳃　为棘间许多柔软的圆锥形突起，新鲜的海盘车较易见到。

口　位于腹面中央，五角形。外有围口膜包围。

步带沟　5条，自口沿各腕口面中央伸至腕的末端。

管足　各步带沟内有4行管足，为半透明的柔软小盲管，其末端有一吸盘。

筛板　1个，位于反口面两腕基部之间，呈扁平圆板状。其表面有许多辐射状的细沟，沟内分布许多小孔。

肛门　反口面近中央处的1个很小的开孔，浸制标本中不显著。

2. 内部解剖

用剪刀沿各腕的侧面剪开，小心去掉反口面体壁。但注意不要移去肛门、筛板及与其相连的石管。自反口面向下观察。

1）体腔

为体壁与内脏间的空腔，自中央盘一直伸至各腕的末端。

2）消化系统

直肠与直肠盲囊　消化管末端连接于反口面体壁近中央处的一短小管道为直肠；直肠旁的1对有分支的褐色或黄色盲管为直肠盲囊。

胃　分幽门胃与贲门胃。直肠下五角形的膨大部为幽门胃，它向各腕发出1对很大的多分支盲囊叫幽门盲囊；幽门胃腹方为与腕相对的五叶囊状贲门胃。

食管　连接口和贲门胃的狭短管道。

3）水管系统

筛板　筛板上的许多小孔为海水进入体内的通道。

石管　与筛板相连而向体腔发出的1条“S”形的石灰质小管。管壁由一系列钙质环所支持，最后通入环水管中。

环水管　围绕口周围的一圈小管。

辐水管　自环水管发出，沿各腕腹面中央伸至腕末端的5条辐射状小管，每一辐水管又向两侧分出并列的许多侧管。

管足与罍　与侧管末端相连而与侧管垂直的结构，其在体腔内囊状的部分叫罍，通至体外的管状部分为管足。

4）生殖腺

雌雄异体，生殖腺5对，构造简单，分别位于两腕基部间隔板的两侧，呈分支状。

5）骨骼

由石灰质骨板构成内骨骼。反口面的骨板不整齐，口面及腕的骨板排列整齐。剪下一腕，从横断面上可见下列骨板。

步带板　每腕2行，位于腕的腹面中央，两骨板成“八”字形，管足从板间空隙穿出。

侧步带板　每腕2行，位于步带板两侧。

下缘板和上缘板　每腕各有 2 行，下缘板位于侧步带板外侧上方，上缘板位于下缘板的上方。

背侧骨板　每腕 6 行（每侧 3 行），位于上缘板上方。

龙骨板　1 行，位于背中央，与两侧的背侧骨板相连。

3. 示范标本观察

1）蛇尾

属蛇尾纲，体扁平，中央盘呈圆形。腕细长，与中央盘分界明显。反口面鳞片状。口位于口面中央，口周围有 5 个咀嚼板，其中 1 个特化为筛板。

2）海胆

属海胆纲，体半球形，骨板规律地密接成外壳，壳上有发达的棘。反口面有肛门和筛板，口位于口面正中。管足由壳上小孔伸出，管足具吸盘。

3）海参

属海参纲，体质柔软，长筒形，无粗大的骨板，骨片细小，分散于皮肤内，亦无棘与棘钳。前端口周围的管足变成了触手，后端有肛门。仅躯体的腹侧保留有管足，运动能力差。

4）海百合

属海百合纲，其反口面有一柄，以固着生活。口与肛门均在口面，向上，无筛板。腕羽状分支。体表无棘与棘钳。

作业

绘制海盘车的消化系统和水管系统图。

思考题

1. 棘皮动物是什么对称形式，为什么该类群属于高等无脊椎动物？
2. 棘皮动物水管系统的功能是什么？

实验十

柄海鞘、文昌鱼和七鳃鳗的结构观察

实验目的

1. 通过对文昌鱼的外部形态和内部解剖结构的观察，掌握脊索动物门的主要特征。

2. 通过对柄海鞘、文昌鱼、七鳃鳗的外部形态和内部解剖结构的观察，了解尾索动物亚门、头索动物亚门、脊椎动物亚门的区别与联系。

实验内容

1. 柄海鞘成体、幼体外部形态和内部解剖结构示范观察。

2. 文昌鱼外形和内部结构观察。

3. 七鳃鳗外形和内部结构观察。

实验材料与用具

1. 材料：①柄海鞘、七鳃鳗成体浸制标本；②柄海鞘幼体装片和成体解剖示范标本；③文昌鱼整体染色装片、过咽部横切片、过肠部横切片；④七鳃鳗正中矢状切片；⑤七鳃鳗头部解剖标本（示鳃笼）。

2. 用具：显微镜。

实验操作与观察

1. 柄海鞘的观察

1）成体外形

观察成体柄海鞘的浸制标本。体表为坚韧的纤维质被囊。★*如何形成？有何功能？*体呈长椭圆形，一端具有一基柄（用于附着于其他物体上），另一端具有相距不远的两个孔，顶端为入水管孔，侧面为出水管孔。★成体柄海鞘营何种生活方式？

2）内部结构

观察成体柄海鞘解剖标本。

（1）消化系统。入水管孔底部为口，口周围环生缘膜，缘膜上生有数条缘膜触手。★缘膜及触手各有何功能？口下端是膨大的咽部，咽壁上有众多排列整齐的鳃裂。咽后的短管为食管，食管后端连接膨大的胃，胃后为肠，肛门开口于围鳃腔内。★成体柄海鞘如何摄食？

（2）呼吸系统。鳃裂周围分布丰富的毛细血管，当水流流经鳃裂时，可进行气体交换完成呼吸作用。

（3）循环系统。心脏位于胃后部腹面的围心腔内，呈长管状。心脏向前端发出一条鳃血管，分布于鳃裂间的咽壁上，向后发出一条肠血管，分支到胃、肠和生殖腺等器官。★海鞘如何进行可逆式血液循环？

（4）生殖系统。雌雄同体，生殖腺位于肠环间，紧贴外套膜内壁。成熟精巢呈分支状，为乳白色颗粒或小块，成熟卵巢为长管状，呈淡黄色，内含圆形卵细胞。

（5）神经系统。成体海鞘神经系统退化，仅保留一神经节，位于出水管孔和入水管孔之间的外套膜上。

3）柄海鞘幼体装片观察

在显微镜下观察柄海鞘幼体装片。

幼体形似蝌蚪，体前端为附着突起，鳃裂数目不多，体后端具有侧扁的尾，尾部具有脊索和神经管。★与成体结构进行比较，柄海鞘幼体如何进行逆行变态？

2. 文昌鱼的观察

1）整体装片观察

取文昌鱼整体染色装片，置于低倍显微镜下观察以下结构。

体形　　身体左右侧扁、两端尖出、呈长梭形。★能区分头与躯干吗？

鳍和腹褶　　体背正中线有一纵行的皮肤褶为背鳍，背鳍后的皮肤褶包围尾部边缘扩展成尾鳍。尾鳍前方腹侧正中的皮肤褶为肛前鳍，肛前鳍前方腹侧成对的皮肤褶为腹褶。

脊索　　位于消化管背侧的棒状结构，纵贯身体全长。

背神经管　　背鳍腹侧，脊索背方的纵行长管，略短于脊索。前端的黑色斑点为眼点，管壁两侧各有一纵列黑色斑点，为脑眼。

肌节和肌隔　　身体两侧呈“<”形排列的为肌节，肌节之间部分为结缔组织的肌隔。两侧肌节交错排列，利于做弯曲运动。

腹孔和肛门　　肛前鳍和腹褶交界处的开口为腹孔（或围鳃腔孔）。尾鳍和肛前鳍交界处略偏左的开口为肛门。

口笠和前庭　身体前端腹面的漏斗状结构为口笠，口笠边缘环生的突起为触须，口笠内的空腔为前庭（因制作装片使薄膜重叠在一起），前庭后端向前伸出的数条染色较深的指状器官为轮器。

口和缘膜触手　口是前庭底部的开口，口周围环生的膜状结构为缘膜，缘膜周围有许多突起，为缘膜触手。★口笠、触须、轮器、缘膜触手分别有何功能？

咽与围鳃腔　口后方是宽大的咽部，咽两侧成对斜向的棒状物为鳃隔（也称鳃条），两鳃隔之间的空隙为鳃裂（鳃裂的数量随年龄增长而增加）。咽部周围为围鳃腔，鳃裂开口于围鳃腔内，围鳃腔以腹孔与外界相通。★如何进行呼吸作用？

肠与肝盲囊　咽后的直管为肠，前端粗大，后端逐渐变细，末端开口于肛门。肠管前端腹侧向右前方伸出肝盲囊。★肝盲囊有何功能？

生殖腺　性成熟个体的肌节腹面、围鳃腔两侧各有一列方块状的生殖腺（如为幼体装片，无生殖腺）。

2）过咽横切片观察

取文昌鱼过咽横切片，置低倍显微镜下观察。

皮肤　表皮位于身体最外层，由单层柱状上皮细胞构成。真皮不太明显，为表皮下极薄的一层胶状物质。

背鳍和腹褶　背鳍为体背正中央的突起，内有卵圆形鳍条支持。腹褶为身体腹面两侧下垂的成对皮肤褶（内无支持结构，在切片过程中可能会变形）。

肌节　肌节的横切面为方圆形，位于身体背部两侧，背部较厚，近腹侧渐薄，肌节之间有肌隔。左右腹褶间有薄层横肌。★为什么横切面有多个肌节？横肌有何功能？

背神经管　位于背鳍条腹面，背部左右肌节之间，管中央的孔为神经管腔。神经管腔在背中线有一裂隙，未完全闭合。

脊索　位于背神经管腹面，其横切面呈卵圆形，周围包有较厚的脊索鞘。脊索鞘向背方延伸包围背神经管。★脊索鞘由何种组织构成？有何功能？

咽　为脊索腹侧的椭圆形空腔。咽壁着色较深的是斜行排列鳃隔的切面。两鳃隔之间的裂缝为鳃裂。咽背正中线有一深槽为背板（咽上沟），腹正中线的深槽为内柱（咽下沟）。★背板和内柱各有何功能？

围鳃腔　包围咽部两侧和腹侧的空腔。

体腔　体腔为位于围鳃腔背方两侧的不规则空腔和内柱下的狭小空腔。文昌鱼幼体的体腔很大，而成体因围鳃腔的发生排挤了体腔。

肝盲囊　为咽部右侧卵圆中空的结构。

生殖腺　位于围鳃腔内壁两侧，着色较深。精巢呈条纹状，卵巢呈块状，细胞核大而明显（生殖腺的大小随季节变化）。

3）过肠横切片观察

取文昌鱼过肠横切片，置低倍显微镜下观察（注意结合过咽横切片和文昌鱼整体结构特征）。

背鳍、腹褶、背神经管和脊索与过咽横切相同，但看不到鳃隔和鳃裂，能观察到椭圆形的肠。肠周围的空腔为体腔，体腔外有围鳃腔，围鳃腔侧壁有突入腔内的生殖腺。如果观察过腹孔后的横切，则无腹褶，可见肛前鳍，体腔扩大，围鳃腔缩小至消失。在脊索与肠之间有背大动脉血管，腹面有肠血管。

3. 七鳃鳗的观察

1）外部形态

体呈圆筒形，尾侧扁，皮肤裸露无鳞。身体可分为头、躯干和尾 3 部分，但头与躯干分界不明显。

鳍　体后有 2 个背鳍和 1 个尾鳍。原型尾。

口漏斗　位于头部前端斜向腹面开口的圆形结构。口漏斗边缘有很多柔软的乳头状突起，称唇触指。口漏斗内部有褐色的角质齿。中间的突起为舌，舌上也生有角质齿。★唇触指和角质齿各有什么作用？

单鼻孔　位于两眼之间的头顶中央，与嗅囊相连。

眼　位于头部两侧，无眼睑，外部有一层半透明的皮肤膜。

外鳃孔　位于眼后方的 7 个卵圆形开口。

肛门与泄殖突　体后躯干和尾部交界处腹中线上的开口为肛门。肛门后方有一乳头状突起，为泄殖突，泄殖孔开口于泄殖突上。

肌肉　躯干部和尾部的肌肉由“Σ”形的肌节组成。

侧线　头部和躯干部两侧皮肤表面的一排纵行凹槽。★侧线有何作用？

2）内部解剖

观察正中矢状切面和头部解剖示范标本。

（1）消化系统。口漏斗底部为口，舌位于口腔底部，上生有角质齿，称为锉舌。口腔后的咽向后分为背、腹两条管，背部管道为食管，腹部管道为呼吸管；食管直接与肠相连，肠管末端以肛门开口于体外。

（2）呼吸系统。口腔向后连接咽腹侧的呼吸管，呼吸管前端有若干触手（相当于头索动物的缘膜），后端为盲管。呼吸管左右各有 7 个内鳃孔，每个内鳃孔分别与球形鳃囊相连，每个鳃囊再经外鳃孔与外界相通。★成体七鳃鳗是如何进行呼吸的？

（3）脊索和软骨。消化管背部较粗的褐色棒状物为脊索（七鳃鳗的主要中轴骨骼），周围的脊索鞘向上包围背神经管。在脊索背方的脊髓两侧有许多成对的淡白色小软骨片，为雏形的脊椎骨。另外，还有保护脑的软骨质原始脑颅和支持鳃的完整软骨质鳃笼。

（4）神经系统。脊索背方的管状结构为背神经管，前端为膨大的脑，后端为脊髓。

作业

绘制文昌鱼过咽部横切图，标明各结构的名称。

思考题

1. 通过对柄海鞘、文昌鱼和七鳃鳗的观察，试述尾索动物亚门、头索动物亚门和脊椎动物亚门的异同。

2. 总结脊索动物与无脊椎动物的区别与联系。

3. 文昌鱼的摄食、滤食及消化系统包括哪些结构？试述文昌鱼的取食、消化过程。

4. 七鳃鳗适应半寄生生活的特征有哪些？

实验十一

鲤鱼的外形和内部解剖

实验目的

1. 通过对鲤鱼的外形和内部结构的观察，掌握硬骨鱼类的主要特征及适应水生生活的形态结构特征。

2. 掌握硬骨鱼类的解剖方法。

实验内容

1. 鲤鱼外形的观察。

2. 鲤鱼内部结构的观察。

3. 示范：鲤鱼骨骼系统的观察。

实验材料与用具

1. 材料：①活鲤鱼；②鲤鱼的整体骨骼标本和分散骨骼标本。

2. 用具：解剖盘，解剖器，培养皿，棉花，体视镜。

实验操作与观察

1. 外形

鲤鱼的身体分为头、躯干和尾 3 部分。

1）头部

自吻端至鳃盖骨后缘。鲤鱼的口位于头部的前端，口的两侧各有 2 条口须；鼻孔 1 对，位于吻的背面，每一鼻孔被瓣膜分隔为前后两部分；眼大而圆，位于头部两侧，无眼睑；眼后头部两侧为鳃盖，鳃盖后缘有膜状的鳃盖膜，后面的孔为鳃孔。★鲤鱼的口须有什么功能？鱼类的鼻孔是否参与呼吸作用？

2）躯干部和尾部

从鳃盖后缘至肛门为躯干部，从肛门至尾鳍基部最后一枚椎骨为尾部。躯干部和尾部具有覆瓦状排列的圆鳞，鳞外覆有表皮，由于表皮内具有丰富的单细胞腺使体表非常黏滑；★黏液有什么作用？身体两侧各有一条由鳞片上的小孔排列而成的侧线，被侧线孔穿过的鳞片称侧线鳞；★侧线的功能是什么？记录鲤鱼的鳞式。在侧线鳞和背鳍起点之间取下1枚鳞片，用清水洗净，放在体视镜下观察其结构；身体背中线有背鳍1个，较长，约占躯干部的3/4，腹中线的肛门后面有臀鳍1个，较短，尾鳍为正尾型，胸鳍1对，位于鳃盖后方左右两侧，腹鳍1对，腹位，在胸鳍之后、肛门的前面；★记录鲤鱼的鳍式。肛门紧靠臀鳍起点基部前方，肛门后有泄殖孔。

2. 内部解剖与观察

把新鲜的鲤鱼放在解剖盘中，腹面朝上，用剪刀在肛门前与体轴垂直方向剪开1个小口，剪刀尖插入切口后上挑，沿腹中线向前经腹鳍中间剪至下颌，将鱼体侧卧，左侧向上，从肛门前的开口向背方剪到脊柱，掀开体壁，用镊子把体腔膜与体壁剥开，沿体腔上缘向前剪至鳃盖后缘，再沿鳃盖后缘剪至下颌，除去左侧体壁，暴露心脏和内脏，用棉花擦净器官周围的血液和组织液，按下列顺序进行观察。

1）原位观察

腹腔前方，最后1对鳃弓后腹方的腔是围心腔，以横隔与腹腔为界，心脏位于围心腔内。心脏背上方的暗红色结构为头肾。腹腔中，脊柱腹面是白色囊状的鳔，覆盖在两个鳔室之间的三角形暗红色组织，是肾脏的一部分。鳔的腹面是长形的生殖腺，成熟个体精巢为乳白色，卵巢为黄色。腹腔腹侧为盘曲的肠管，肠管之间的肠系膜上，有暗红色的肝胰脏。肠管和肝胰脏之间有一细长红褐色的脾脏，为淋巴器官。

2）生殖系统

包括生殖腺和生殖导管。

生殖腺　生殖腺成对位于鳔的腹面两侧，外包有极薄的腹膜，未成熟时为细长条状，呈淡红色（精巢）或淡橙黄色（卵巢），成熟个体几乎充满整个腹腔，呈乳白色（精巢）或黄色（卵巢），卵巢内有明显的卵粒。

生殖导管　输精管或输卵管为包裹精巢或卵巢的腹膜向后延伸形成，短而细，左右输精管或输卵管在后端汇合通入泄殖窦，以泄殖孔开口于体外。★硬骨鱼类的生殖腺结构和生殖导管与其他脊椎动物有何不同？

生殖系统观察后，移去左侧生殖腺，以便观察其他器官。

3）消化系统

鲤鱼的消化系统包括由口咽腔（稍后观察）、食管、肠、肛门组成的消化管和肝胰脏、胆囊等消化腺。

食管　在口咽腔之后，短而粗，鲤鱼没有胃，食管后方与肠相接，与肠的分界处背面有鳔管通入。

肠　鲤鱼肠的长度为体长的2～3倍，前2/3为小肠，后部较细的为大肠，末端以肛门开口于体外。★鱼类肠的长度与食性有什么关系？鲤鱼肠的各部分区分不明显。

肝胰脏　鲤鱼的肝脏和胰脏均为弥散性，形状不规则，而且胰脏分散在肝脏之中，因此称为肝胰脏，分布在肠管周围的系膜上。

胆囊　为深绿色椭圆形囊，位于肠管前方的右侧，大部分埋在肝胰脏内，以胆管开口于肠管前部。

4）鳔

位于肠管背方的银白色囊状器官，分为前后两室，后室前端腹面发出细长的鳔管，连于食道的背壁。★鱼类鳔的功能是什么？

5）排泄系统

由肾脏、输尿管和膀胱组成。

肾脏　为1对暗红色狭长形器官，位于腹腔背壁中线两侧。在鳔的前、后室相接处肾脏扩大成为最宽处。肾脏前端向侧面扩展，为头肾，无排泄功能，是由前肾退化形成的淋巴腺体组织。

输尿管　为肾脏最宽处通出的1对白色细管，沿腹腔背壁后行，后端汇合通入膀胱。

膀胱　左右输尿管汇合后稍微膨大形成的囊。末端开口于泄殖窦。

6）循环系统

主要观察心脏和由腹大动脉发出的入鳃动脉。

心脏　心脏位于围心腔中，由静脉窦、心房、心室3部分组成。静脉窦位于心脏后背侧，形状近似三角形，暗红色，壁很薄，后背方有2条总主静脉通入；心房位于静脉窦腹下方、心室的背侧方，暗红色，腔较大，壁薄；心室位于心房的腹前方，圆球形，呈淡红色，壁较厚；在心室的前端有1个白色圆锥状小球体，称动脉球，为腹大动脉基部膨大形成，不是心脏的组成部分。

腹大动脉和入鳃动脉　腹大动脉为动脉球向前发出的一条粗大血管，位于鳃弓的腹面中央。沿着腹大动脉，用镊子把两侧的肌肉小心除去，即可看到由腹大动脉向左右两侧发出的3对入鳃动脉，第3对入鳃动脉又各分出2支，共4对入鳃动脉分别进入各相应的鳃弓。

7）口咽腔

口由上、下颌包围而成，鲤鱼无颌齿及腭骨齿、犁骨齿，舌位于口咽腔底部中央，呈三角形，不能活动。有5对鳃裂，相邻鳃裂间有鳃弓，其中前4对鳃弓生有鳃，第5对鳃弓特化成下咽骨，内侧着生有咽喉齿，★记录鲤鱼的齿式。在背面的基枕骨腹面有角质垫与咽喉齿相对，可压碎食物。

8）鳃

鳃是鱼类的呼吸器官，鲤鱼的鳃由鳃弓、鳃片、鳃耙组成，鳃间隔退化。

鳃弓　位于鳃盖之内，口咽腔的两侧，共5对弧形骨骼，鳃弓的内侧面着生有鳃耙，第1～4对鳃弓的外侧面各着生有2列鳃片。

鳃片　一端着生在鳃弓的外侧面，一端游离，每列鳃片称为半鳃，同一鳃弓上的2个半鳃合称全鳃。剪下1个全鳃，放入盛有少量水的培养皿内，在体视镜下观察，可见鳃片由许多并列的鳃丝组成，每一鳃丝的两侧又有许多突起，即鳃小片，鳃小片上布满毛细血管，是气体交换的场所。

鳃耙　在第1～4对鳃弓的内缘各着生有2行鳃耙，左右互生，第1对鳃弓的外侧鳃耙较长；第5对鳃弓（下咽骨）只有1行鳃耙。★鳃耙的功能是什么？

9）脑

分别从两侧眼眶下剪，向后剪开头部背面的骨骼，再在两个纵切口的两端横剪，小心移去头部背面的骨骼，用棉花轻轻擦去覆盖在脑上面的脂肪和脑膜，直至脑各部分完全暴露，从背面进行观察。

端脑　由嗅脑和大脑组成。大脑分为左右两个大脑半球，其内各有一侧脑室。嗅脑由嗅球和嗅束组成，嗅球椭圆形，位于脑的最前端，与嗅囊相接，嗅球的后方由细长的嗅束连于大脑。

间脑　位于大脑之后，背面常被中脑视叶遮盖，间脑背面突出细线状的松果体，在两大脑半球后方的凹陷之间，间脑内具第三脑室。

中脑　大脑的后方，间脑的背面，为1对圆球状突出物，称为视叶。

小脑　位于中脑后方，为椭圆形，前方伸出小脑瓣突入中脑。

延脑　位于小脑后方，鲤鱼发达，包括中央1个面叶和两侧的1对迷走叶。延脑内具第四脑室。延脑向后连于脊髓。

3. 骨骼系统

取鲤鱼的整体骨骼标本和分散骨骼标本进行观察。

1）头骨

鲤鱼的头骨骨块数目众多，包括脑颅和咽颅两个部分。

对照图11-1～图11-4进行观察，辨认各骨片。

2）脊柱和肋骨

脊柱由脊椎骨组成，分为躯干椎和尾椎两部分。

躯干椎　由椎体、椎弓、椎棘、椎体横突、关节突组成，椎体与椎弓间的椎管，有脊髓穿过。

肋骨　肋骨的背端与躯干椎椎体横突相关节，腹端游离。

尾椎　由椎体、椎弓、椎棘、脉弓、脉棘、关节突组成，椎体与脉弓间的孔，有尾动脉和尾静脉穿过。

3）附肢骨骼

包括带骨和鳍骨。

肩带和胸鳍支鳍骨　肩带与头骨相连，由匙骨、上匙骨、后匙骨、肩胛骨、乌喙骨、中乌喙骨组成。胸鳍支鳍骨为4枚鳍担骨，前端与乌喙骨、肩胛骨相连，后端与鳍条相连。

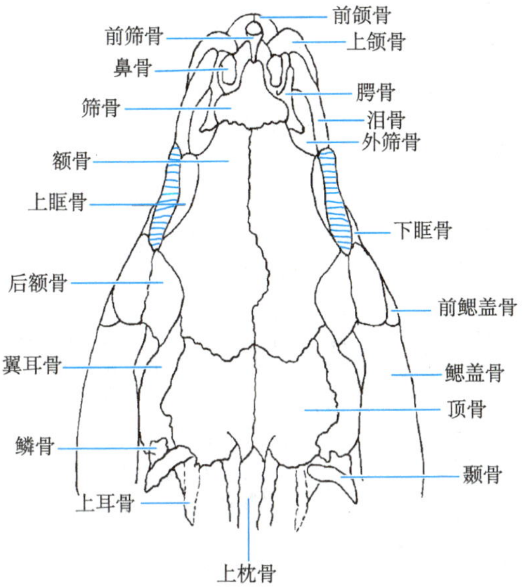

图 11-1　鲤鱼头骨背面观（秉志，1960）

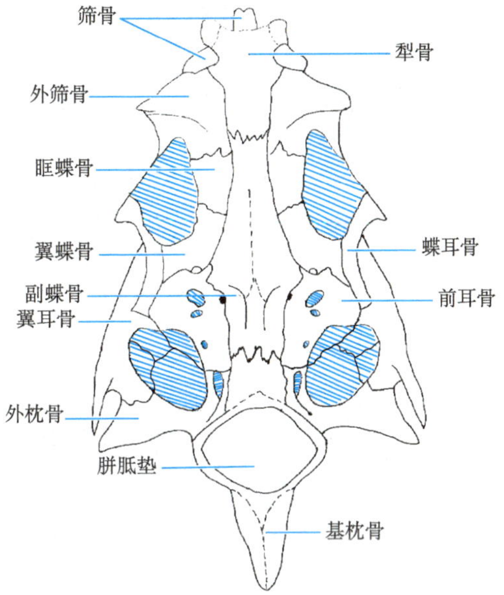

图 11-2　鲤鱼脑颅腹面观（秉志，1960）

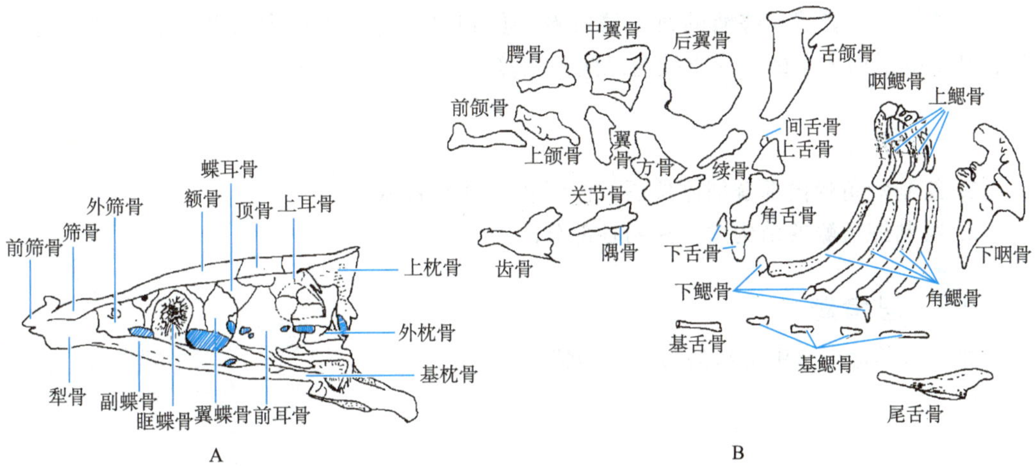

图 11-3　鲤鱼脑颅左侧深层观（A）及左侧颌弓、舌弓、鳃弓分散图（B）（秉志，1960）

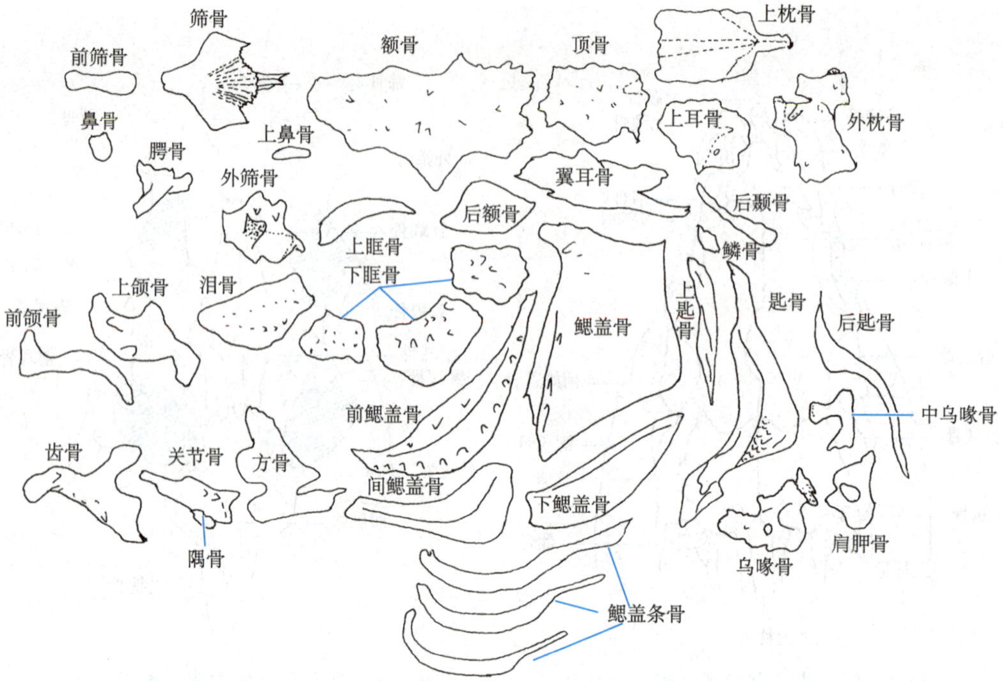

图 11-4　鲤鱼头骨左侧外部及肩带骨骼分散图（秉志，1960）

腰带和腹鳍支鳍骨　　腰带由 1 对无名骨组成，前端分叉，左右无名骨在中间相连。腹鳍支鳍骨由 1 对细小的基鳍骨连于无名骨内侧，无名骨直接与腹鳍条相连。

奇鳍骨　　背鳍和臀鳍的每一鳍条有一鳍担骨支持。尾鳍内，最后 3 个椎骨的椎棘、脉棘变形而成扁的骨片直接与尾鳍条相接。

作业

1. 绘制鲤鱼的内部解剖原位图，注明各部分的名称。
2. 绘制鲤鱼鳃的结构图，注明各部分的名称。

思考题

总结鱼类适应水中生活的形态结构特征。

实验十二

鱼类的分类

实验目的

1. 掌握检索表的使用方法，熟悉鱼类的分类术语。
2. 了解鱼类主要目的特征，认识常见和有经济意义的种类。

实验内容

1. 鱼类分类术语的学习和性状的测量。
2. 利用检索表对鱼类分类，根据具体情况，选择一些常见的、具有经济价值的代表种类进行识别。

实验材料与用具

1. 材料：鱼类的浸制标本，市场上选购新鲜的鱼类标本。
2. 用具：解剖盘，解剖器，直尺或卷尺。

实验操作与观察

1. 鱼类的度量及分类常用术语

1）身体的度量（图 12-1～图 12-3）

2）其他分类术语

鳍脚　软骨鱼类雄性的交接器，由腹鳍内侧延伸形成，内有软骨支持。

颊部　眼的后下方和鳃盖骨之间的部分。

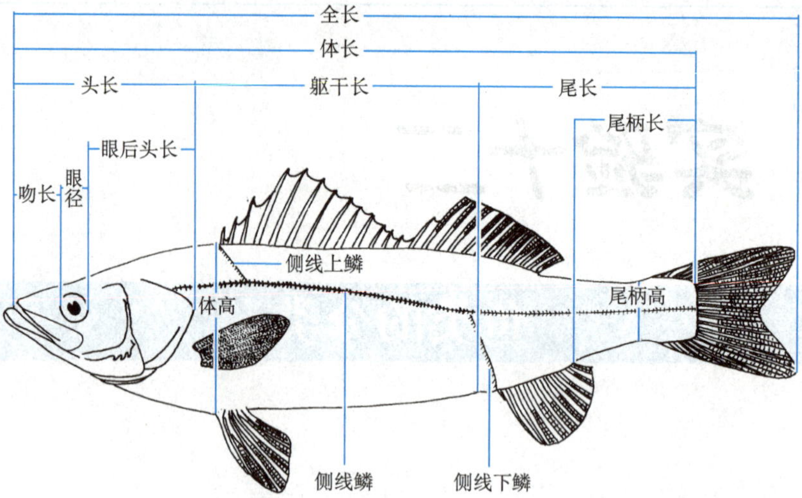

图 12-1　硬骨鱼的外形及度量（仿王所安等，2001）

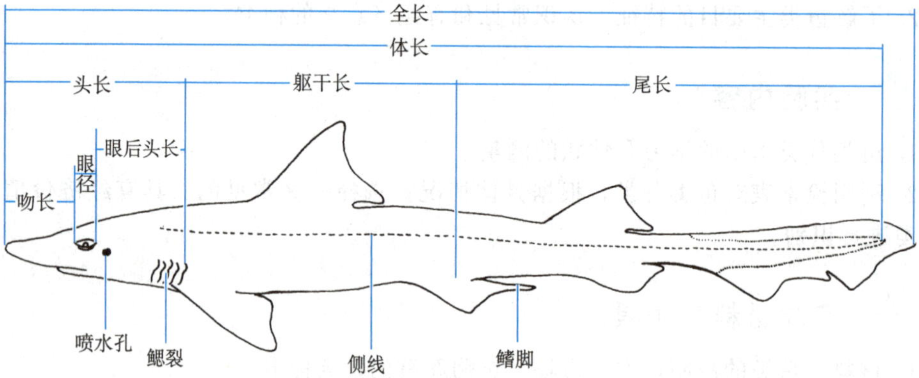

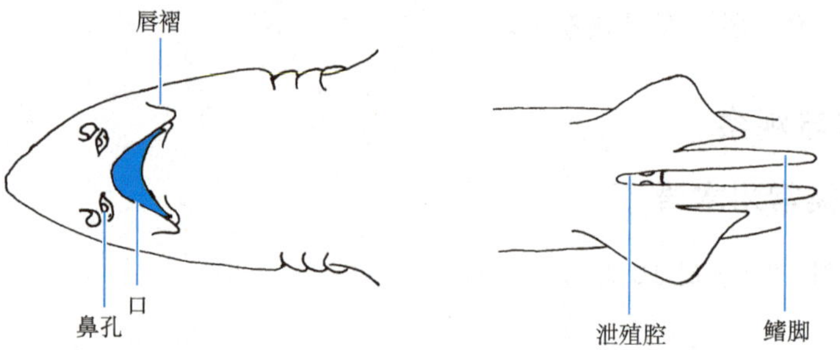

图 12-2　鲨鱼的外形及度量（仿王所安等，2001）

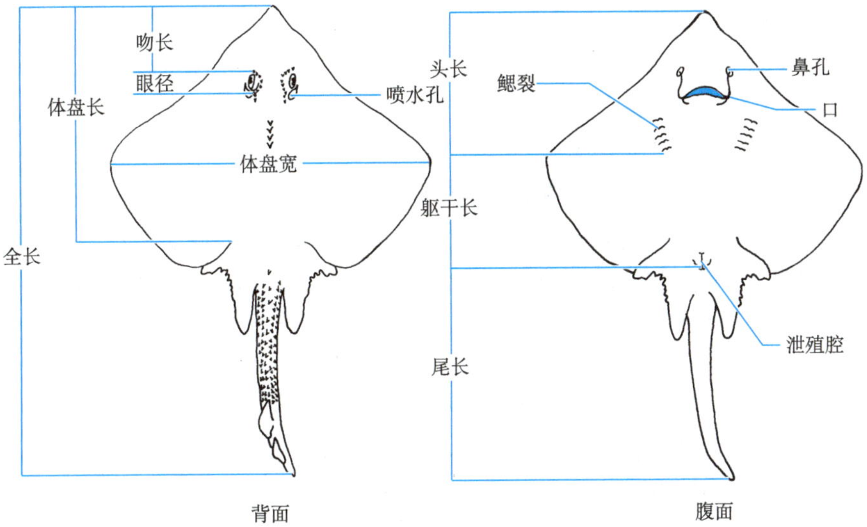

图 12-3 鳐类的外形及度量（仿王所安等，2001）

喉部 两鳃盖之间的部分。

颏部 下颌与鳃膜着生处之间的部分。

峡部 喉部前方，颏部后方，分隔鳃腔的部位。

胸部 喉部的后方，胸鳍的前方。

腹部 躯干的腹面。

腹棱 腹部中线隆起的棱，如从肛门一直到胸鳍的下方，称腹棱完全；如仅到腹鳍的位置，称腹棱不完全。

棱鳞 侧线或腹中线呈棱状突起的鳞。

鳞式 侧线鳞数$\frac{\text{侧线上鳞数}}{\text{侧线下鳞数}}$。

侧线鳞数 从鳃盖上方到尾末端带孔的鳞的数目。

侧线上鳞 从背鳍起点到侧线鳞的行数（不包括侧线鳞）。

侧线下鳞 从臀鳍起点到侧线鳞的行数（不包括侧线鳞）。

鳍式 D代表背鳍，A代表臀鳍，C代表尾鳍，P代表胸鳍，V代表腹鳍；鳍棘的数目以大写罗马数字表示；鳍条数目以阿拉伯数字表示；鳍棘或软条的数目范围以“—”表示；鳍棘与软条相连时用“-”表示，分离时以“,”隔开。

鳍条 柔软而分节，分为末端分支的分支鳍条和末端不分支的不分支鳍条。

鳍棘 不分支不分节的强大、坚硬棘状鳍条。由左右两鳍条骨化形成的，坚硬不分支而分节的硬棘为假棘。

脂鳍 背鳍后方的无鳍条支持的肉质鳍。

口的位置 硬骨鱼根据上、下颌的长短分为口端位、口上位、口下位。

★利用新鲜鱼类或浸制标本分组熟悉鱼类分类的常用术语和测量方法（最好包括鲨鱼类、鳐类、辐鳍鱼类）。

2. 鱼类的分类

1）软骨鱼纲

软骨鱼纲亚纲的检索表

1（2）鳃孔 5～7 个，无膜状鳃盖，上颌不与头颅愈合 ………… 板鳃亚纲（Elasmobranchii）
2（1）鳃孔 1 个，具膜状鳃盖，上颌与头颅愈合 …………………… 全头亚纲（Holocephali）

板鳃亚纲总目与目的检索表

1（16）鳃裂侧位，胸鳍前缘游离 …………………………………… 侧孔总目（Pleurotremata）
2（3）鳃裂 6 或 7 对，背鳍 1 个 ……………………………… 六鳃鲨目（Hexanchiformes）
3（2）鳃裂 5 对，背鳍 2 个
4（11）有臀鳍
5（6）背鳍前方有一硬棘 ………………………………………… 虎鲨目（Heterodontiformes）
6（5）背鳍前方无硬棘
7（10）眼无瞬膜或瞬褶
8（9）无鼻口沟，鼻孔不开口于口内 …………………………… 鼠鲨目（Lamniformes）
9（8）具鼻口沟或鼻孔开口于口内 ……………………………… 须鲨目（Orectolobiformes）
10（7）眼具瞬膜或瞬褶 …………………………………………… 真鲨目（Carcharhiniformes）
11（4）无臀鳍
12（15）体亚圆筒形，胸鳍正常
13（14）吻短或中长，不突出呈锯状 …………………………… 角鲨目（Squaliformes）
14（13）吻很长，突出呈锯状，两侧具锯齿 ………………… 锯鲨目（Pristiophoriformes）
15（12）体平扁，胸鳍扩大向头侧延伸 ……………………… 扁鲨目（Squatiniformes）
16（1）鳃裂腹位，胸鳍与身体联合呈盘状 …………………… 下孔总目（Hypotremata）
17（22）头侧与胸鳍间无大型发电器
18（19）吻特别延长，作剑状突出，边缘具坚大吻齿 ……………… 锯鳐目（Pristiformes）
19（18）吻正常，边缘无坚大吻齿
20（21）尾部粗大，无尾刺，具尾鳍 ……………………………………… 鳐目（Rajiformes）
21（20）尾部细长呈鞭状，尾鳍退化或消失，若尾部稍粗短，则具尾刺和尾鳍 …………
…………………………………………………………………… 鲼形目（Myliobatiformes）
22（17）头侧与胸鳍间具大型发电器 ………………………… 电鳐目（Torpediniformes）

2）硬骨鱼纲

硬骨鱼纲主要目的检索表

1（2）体被硬鳞或裸露，尾为歪尾型 ………………………… 鲟形目（Acipenseriformes）

2（1）体被骨鳞或裸露，尾一般为正尾型

3（18）鳔存在时具鳔管

4（15）无韦伯器

5（14）身体不呈鳗型，一般具腹鳍

6（13）上颌口缘一般由前颌骨和上颌骨组成

7（12）无脂鳍

8（9）　颏部一般有喉板，发育过程中有叶状幼体 …………………… 海鲢目（Elopiformes）

9（8）　颏部无喉板，发育过程中无叶状幼体

10（11）有侧线，无辅上颌骨 ………………………………… 鼠鱚目（Gonorhynchiformes）

11（10）无侧线，有辅上颌骨 ……………………………………… 鲱形目（Clupeiformes）

12（7）有脂鳍，有侧线……………………………………………… 鲑形目（Salmoniformes）

13（6）上颌口缘一般由前颌骨组成 ………………………… 灯笼鱼目（Myctophiformes）

14（5）身体呈鳗型或细长，发育过程中有叶状幼体 …………………………………………………………………………………………………… 鳗鲡目（Anguilliformes）

15（4）有韦伯器

16（17）体被圆鳞或裸露，颌多无齿，具顶骨和下鳃盖骨 …………………………………………………………………………………………… 鲤形目（Cypriniformes）

17（16）体裸露或被骨板，颌多具齿，无顶骨和下鳃盖骨 …………………………………………………………………………………………… 鲇形目（Siluriformes）

18（3）鳔存在时无鳔管

19（44）胸鳍正常，基部不呈柄状，鳃孔一般位于胸鳍基底前方

20（43）上颌骨不与前颌骨固连或愈合

21（42）身体左右对称，眼位于两侧

22（29）背鳍一般无鳍棘

23（28）背鳍和臀鳍多呈后位，腹鳍腹位

24（27）无侧线，鼻孔每侧 2 个

25（26）背鳍 1 个 …………………………………………… 鳉形目（Cyprinodontiformes）

26（25）背鳍 2 个 ………………………………………………… 银汉鱼目（Atheriniformes）

27（24）具侧线，鼻孔每侧 1 个 ……………………………………… 颌针鱼目（Beloniformes）

28（23）背鳍和臀鳍一般较长，背鳍 1～3 个，臀鳍 1 或 2 个，腹鳍胸位或喉位 ………………………………………………………………………………………… 鳕形目（Gadiformes）

29（22）背鳍一般具鳍棘

30（33）头骨一般有眶蝶骨，若无则腹鳍具 1 棘和 5 根以上鳍条

31（32）尾鳍主鳍条 18～19，臀鳍一般具 3 鳍棘…………………… 金眼鲷目（Beryciformes）

32（31）尾鳍主鳍条 10～13，臀鳍具 1～4 鳍棘 ………………………… 海鲂目（Zeiformes）

33（30）头骨无眶蝶骨

34（35）腰带不与匙骨相连，吻常呈管状，背鳍、臀鳍、胸鳍鳍条多不分支 ………………………………………………………………………………… 刺鱼目（Gasterosteiformes）

35（34）腰带与匙骨相连，吻一般不呈管状，背鳍、臀鳍、胸鳍鳍条多分支

36（37）腹鳍腹位或亚胸位，背鳍 2 个，分离较远 ……………………… 鲻形目（Mugiliformes）

37（36）腹鳍存在时胸位至喉位，背鳍 2 个相距较近

38（39）身体呈鳗型，左右鳃孔相连 ………………………………… 合鳃目（Synbranchiformes）

39（38）身体一般不呈鳗型，左右鳃孔分离

40（41）第 3 眶下骨正常、不后延，不与前鳃盖骨相接 ……………… 鲈形目（Perciformes）

41（40）第 3 眶下骨后延，形成眼下骨架，横过颊部与前鳃盖骨相接 ……………………… …………………………………………………………… 鲉形目（Scorpaeniformes）

42（21）身体不对称，两眼位于头部一侧 ………………………… 鲽形目（Pleuronectiformes）

43（20）上颌骨与前颌骨愈合为骨喙，腹鳍一般不存在 ……… 鲀形目（Tetraodontiformes）

44（19）胸鳍基部呈柄状，鳃孔位于胸鳍基底后方 ……………………… 鮟鱇目（Lophiiformes）

3. 物种观察

根据实际情况选择常见和代表种类利用检索表鉴定到目或科，记录观察鱼类的主要特征。所选种类应尽量包括以下各目。

1）软骨鱼纲（Chondrichthyes）

板鳃亚纲（Elasmobranchii）

侧孔总目（Pleurotremata） 鳃裂侧位，胸鳍前缘不与头侧相连。

六鳃鲨目（Hexanchiformes） 鳃裂 6 或 7 个；背鳍 1 个，无硬棘；有臀鳍；卵胎生。

扁头哈那鲨（*Notorhynchus platycephalus*） 鳃裂 7 个；头宽扁。

虎鲨目（Heterodontiformes） 背鳍 2 个，前方具 1 硬棘；具臀鳍；鳃裂 5 对。

宽纹虎鲨（*Heterodontus japonicus*） 身体具宽阔的暗色横纹。

真鲨目（Carcharhiniformes） 眼具瞬膜或瞬褶；背鳍 2 个，无棘；鳃裂 5 对。

锤头双髻鲨（*Sphyrna zygaena*） 头呈“T”字形；瞬膜发达；鼻孔端位；吻端中央圆凸。

灰星鲨（*Mustelus griseus*） 牙低平，铺石状排列；身体无白斑。

皱唇鲨（*Triakis scyllium*） 牙侧扁，三齿头型或多齿头型。

斜齿鲨（*Scolidon sorrakowah*） 无喷水孔；上下颌牙齿斜排。

下孔总目（Hypotremata） 体多背腹扁平，鳃裂腹位。

鳐目（Rajiformes） 胸鳍前延形成体盘，尾柄粗大，尾鳍发达。

中国团扇鳐（*Platyrhina sinensis*） 体盘团扇形；背面和尾部正中有 1 行结刺。

孔鳐（*Raja porosa*） 腹鳍前部分化为足趾状；身体无暗褐色小斑点。

鲼形目（Myliobatiformes） 胸鳍向前伸延达吻端或前部分化为吻鳍或头鳍；尾鞭状，上下叶退化。

赤魟（*Dasyatis akajei*） 尾长呈鞭状，具尾刺；无尾鳍；尾部上下均具皮膜。

全头亚纲（Holocephali）

银鲛目（Chimaeriformes）　尾细小鞭状；胸鳍宽大，位低；第 1 背鳍具 1 硬棘；牙愈合为牙板。

黑线银鲛（*Chimaera phantasma*）　牙板光滑；尾鳍上缘有一系列盾鳞。

2）硬骨鱼纲（Osteichthyes）

辐鳍亚纲（Actinopterygii）

鲟形目（Acipenseriformes）　体被 5 行骨板或裸露，仅尾鳍上叶有叉状硬鳞；内骨骼为软骨，仅头部有膜质骨；脊索终生存在。

中华鲟（*Acipenser sinensis*）　有喷水孔；成体骨板行列间有粗糙面；吻骨板 1 块。

鲱形目（Clupeiformes）　侧线退化；腹鳍腹位，胸鳍位低；圆鳞；鳔具鳔管。

鲥鱼（*Macrura reevesi*）　体侧无斑纹；上颌中央有明显的缺刻；腹部有棱鳞。

鳓鱼（*Ilisha elongata*）　下颌突出，口裂垂直；腹鳍很小；腹部有棱鳞。

刀鲚（*Coilia ectenes*）　体侧扁；尾长而细尖；上颌骨达胸鳍基部；胸鳍上方有 6 条游离鳍条。

鲑形目（Salmoniformes）　具脂鳍；侧线存在；输卵管退化或消失。

细鳞鱼（*Brachymystax lenok*）　鳞小；口小；上颌骨不超过眼的后缘。

大麻哈鱼（*Oncorhynchus keta*）　鳞小；口大；上颌骨超过眼的后缘；臀鳍鳍条 10～16。

鳗鲡目（Anguilliformes）　体鳗形，裸露或具圆鳞；鳍无棘；鳃孔狭窄。

日本鳗鲡（*Anguilla japonica*）　身体圆筒状；下颌长；齿细小而尖；鳞小，隐于皮下；无斑点。

鲤形目（Cypriniformes）　具韦伯氏器；有鳔管；腹鳍腹位；体被圆鳞或裸露，具咽喉齿。

鲤（*Cyprinus carpio*）　咽齿 1.1.3/3.1.1，臼状；口须 2 对。

鲫鱼（*Carassius auratus*）　咽齿 4/4，侧扁；无口须。

青鱼（*Mylopharyngodon piceus*）　咽齿 4/5，臼状；吻较尖；身体除腹部灰白色，其余青黑色。

草鱼（*Ctenopharyngodon idellus*）　咽齿 2.4/5.2，栉状；吻较宽钝；身体棕黄色；鳞片有黑色边缘。

鲢（*Hypophthalmichthys molitrix*）　咽齿 4/4，铲状；头较小，约为体长的 1/4；腹棱完全；身体银白色，背部略暗。

鳙（*H. nobilis*）　咽齿 4/4，铲状；头大，约为体长的 1/3；腹棱不完全；背部和体侧上部微黑，有不规则黑色斑点，腹部银白色。

泥鳅（*Misgurnus anguillicaudatus*）　口小，下位；须 5 对；咽齿 13/13，短而尖；体被不规则黑色小斑点。

鲇形目（Siluriformes）　体表裸露或局部被骨板；一般有脂鳍；胸鳍、背鳍常具1棘；有须1～4对。

鲇鱼（*Silurus asotus*）　体光滑无鳞；下颌突出；须2对；无脂鳍；臀鳍基底长，与尾鳍相连。

黄颡鱼（*Pelteobagrus fulvidraco*）　体略侧扁，背缘隆起；须4对；有脂鳍；背鳍具硬棘，后缘具锯齿，胸鳍硬棘发达，前后缘均有锯齿。

颌针鱼目（Beloniformes）　鳍无棘，腹鳍腹位；圆鳞，侧线位低；鳔无鳔管。

燕鳐（*Cypselurus oxycephalus*）　体稍侧扁；口前位；胸鳍位高延长；腹鳍大，位于腹部后方；尾鳍深叉形，下叶大于上叶。

扁颌针鱼（*Ablennes anastomella*）　体长侧扁；上下颌延长呈针状，下颌稍长于上颌；颌齿尖细呈带状。

鳕形目（Gadiformes）　被圆鳞或裸露，颏部多有1须，腹鳍胸位或喉位，背鳍1～3个，臀鳍1或2个；鳔无鳔管；鳍无棘。

大头鳕（*Gadus macrocephalus*）　背鳍3个；臀鳍2个；颏须1个。

刺鱼目（Gasterosteiformes）　背鳍1或2个，有些种类第1背鳍为游离的棘；身体裸露无鳞或沿体侧有1行骨板；吻一般呈管状。

日本海马（*Hippocampus japonicus*）　无尾鳍；尾端卷曲；体侧扁，头与体轴成钝角或直角；尾鳍基部隆起。

海龙（*Syngnathus acus*）　具尾鳍；尾端不卷曲；头与体轴在同一直线上。

合鳃目（Synbranchiformes）　体鳗形，无胸鳍和腹鳍，奇鳍彼此相连，无鳍棘；左右鳃孔位于头腹面合而为一；鳃不发达，口咽腔壁辅助呼吸；无鳔。

黄鳝（*Monopterus albus*）　鳃均退化；体延长，前部圆筒形，后部渐侧扁，尾尖细；无偶鳍，背鳍和臀鳍退化成低皮褶；体黄褐色，具不规则小黑斑。

鲻形目（Mugiliformes）　背鳍2个，第1背鳍由棘构成；腹鳍腹位或亚胸位；圆鳞或栉鳞；侧线有或无；脂眼睑有或无。

油魣（*Sphyraena pinguis*）　头尖长，口裂大；下颌突出；牙强大犬齿状，圆鳞，侧线发达；腹鳍亚胸位，尾鳍叉状。

鲻鱼（*Mugil cephalus*）　头短宽平；口下位；颌齿绒毛状；栉鳞；脂眼睑发达；尾鳍叉形。

鲅（*Liza haematocheila*）　头短宽平；口下位；颌齿绒毛状；栉鳞；脂眼睑不发达，眼稍带红色；尾鳍凹入。

鲈形目（Perciformes）　体被栉鳞、圆鳞或鳞消失；腹鳍胸位、喉位、亚胸位、颏位，尾鳍通常不超过17鳍条；腰带连于匙骨；鳃盖发达。

鲈鱼（*Lateolabrax japonicus*）　体延长，侧扁；下颌突出；栉鳞；腹鳍胸位；尾鳍凹形；身体具不规则斑点。

鳜鱼（*Siniperca chuatsi*）　体延长，侧扁；下颌突出；圆鳞；腹鳍胸位；尾鳍圆形；体黄褐色，腹部灰白色，体侧具不规则暗棕色斑点及斑块。

竹荚鱼（*Trachurus japonicus*）　侧线全部被棱鳞。

真鲷（*Pagrosomus major*）　体侧扁，红色；上下颌两侧臼状齿 2 行；后鼻孔椭圆形；背鳍无延长的鳍棘。

大黄鱼（*Pseudosciaena crocea*）　尾柄长为尾柄高的 3 倍多；臀鳍第 2 鳍棘长等于或稍大于眼径。

小黄鱼（*P. polyactis*）　尾柄长为尾柄高的 2 倍多；臀鳍第 2 鳍棘长小于眼径。

黄姑鱼（*Nibea albiflora*）　颏部有 5 个小孔；体侧有许多黑色波状细纹，水平方向斜向前方。

带鱼（*Trichiurus haumela*）　体侧扁延长呈带状；头背面平坦或微凹；侧线在胸鳍上方明显弯曲，折向腹部向后延伸；无腹鳍。

鲐鱼（*Pneumatophorus japonicus*）　体纺锤形，被细小圆鳞；第 2 背鳍和臀鳍后有 5 个小鳍；尾柄侧面各有 2 个隆起嵴；颌齿细小；腹部银白色，无斑点。

蓝点马鲛（*Scomberomorus niphonius*）　体长形侧扁，被圆鳞；头长大于体高；第 2 背鳍和臀鳍后有 8 或 9 个小鳍；尾柄侧面各有 3 个隆起嵴；颌齿强大。

银鲳（*Stromateoides argenteus*）　体侧扁卵圆形，被细小圆鳞；口小；颌齿细小；背鳍和臀鳍前部鳍条镰刀状，无腹鳍，尾鳍分叉，下叶稍大于上叶；北部青灰色，腹部银白色。

乌鳢（*Ophiocephalus argus*）　体长，圆柱形；被圆鳞；鳍无棘；体灰黑色，具不规则的黑色斑块，头部有 2 条黑色纵纹；背鳍、臀鳍、尾鳍有黑色斑纹。

鲉形目（Scorpaeniformes）　第 2 眶下骨后延成一骨突与前鳃盖骨连接。头部常具棱、棘、骨板。

褐菖鲉（*Sebastiscus marmoratus*）　头部有棘突，无骨板；眼间隔窄，约为眼径的一半；体红色。

绿鳍鱼（*Chelidonichthys kumu*）　体长稍侧扁，前部粗大，后部渐细；头具骨板；被圆鳞；头部及背侧红色，有黄色网状斑纹；胸鳍宽长、位低，下方有 3 条指状游离鳍条，内侧为具斑点的艳绿色。

鲬（*Platycephalus indicus*）　体平扁，尾部稍侧扁；头宽扁；口大，端位，下颌突出；牙细小；体被栉鳞；体黄褐色，具黑褐色斑，腹面浅色，背鳍具纵列小斑点，臀鳍后部鳍膜上具斑点和斑纹。

鲽形目（Pleuronectiformes）　身体侧扁，成体左右不对称，两眼位于头的一侧；口、牙、偶鳍均不对称，两侧体色不同，无眼侧近白色；肛门不在腹正中线上。

牙鲆（*Paralichthys olivaceus*）　眼位于左侧；背鳍、臀鳍、尾鳍不相连；口大，齿锥状，1 行，两侧颌及齿同等发达。

高眼鲽（*Cleisthenes herzensteini*）　眼位于右侧；背鳍、臀鳍、尾鳍不相连；口大，上颌齿 1 行；上眼位于头的背缘。

条鳎（*Zebrias zebra*）　眼位于右侧；背鳍、臀鳍、尾鳍相连；无眼侧胸鳍退化；口小，口裂短弧状，不对称；齿绒毛状；体具略呈平行的黑色横带。

半滑舌鳎（*Cynoglossus semilaevis*）　眼位于左侧；背鳍、臀鳍、尾鳍相连；身体左侧有 3 条侧线；左侧被强栉鳞，右侧被圆鳞或杂有弱栉鳞；左侧无褐斑。

鲀形目（Tetraodontiformes）　体被骨化鳞片、骨板、小刺或裸露；颌骨常与前颌骨愈合，齿圆锥状、门齿状或愈合为缘状齿板。

绿鳍马面鲀（*Navodon septentrionalis*）　体侧扁；尾柄细；被绒毛状小刺；左右腹鳍合成1个短棘；鳍绿色。

条纹东方鲀（*Fugu xanthopterus*）　上下颌齿板有中央缝；背鳍无棘，无腹鳍；体背侧具有3或4条弧状纹；身体上半部无白斑。

作业

编写观察的鲤形目或鲈形目中常见和代表种类的检索表。

思考题

现代分类学，除了形态学特征外还有哪些分类标准？

实验十三

蟾蜍（或蛙）的外形与内部解剖

实验目的

1. 通过对蟾蜍（或蛙）的外形观察和内部解剖，掌握两栖类的结构和功能特征，分析其初步适应陆生生活的进步特征，同时总结具有两栖生活的原始性和适应陆地生活的不完善性特征。

2. 掌握无尾两栖类解剖的基本方法。

实验内容

1. 蟾蜍（或蛙）外形的观察。
2. 蟾蜍（或蛙）内部解剖结构的观察。
3. 蟾蜍（或蛙）神经系统（示范）。
4. 蟾蜍（或蛙）骨骼标本（示范）。

实验材料与用具

1. 材料：活蟾蜍（或活蛙），蟾蜍（或蛙）神经系统标本或模型，蟾蜍（或蛙）骨骼系统标本。

2. 用具：解剖盘，解剖器具，大头针，乙醚，广口瓶，棉球。

实验操作与观察

1. 外形观察

身体分为头、颈、躯干和四肢。头部扁平，呈三角形，吻部稍尖，口宽大，横裂，由上下颌构成。雄蛙口角两侧内后方各有一声囊（蟾蜍无声囊）。上颌背部有1对外鼻孔。眼大突出，位于头部两侧，具上下眼睑，下眼睑内侧有半透明的瞬膜，轻轻触及眼睑，瞬膜会由下向上覆盖眼球。蟾蜍眼后上方有 1 对长卵圆形毒腺，称为耳后腺（蛙无耳后腺）。眼后有 1 对圆形鼓膜。颈部不明显。在鼓膜之后为躯干部，在躯干后端两腿之间偏背侧有泄殖腔孔。典型的五趾型四肢。★观察前后肢指（趾）数，指（趾）端有无爪，指（趾）间是否具蹼。

2. 内部解剖

1）处死

采用麻醉法或双毁髓法处死蟾蜍（或蛙）。

（1）麻醉法。将蟾蜍（或蛙）置于盛有浸过乙醚棉球的广口瓶中，密闭至蟾蜍（或蛙）深度麻醉致死。

（2）双毁髓法。左手执蟾蜍（或蛙），使其背部朝上，用食指与中指夹住头部前端，大拇指压住背部，再将食指移到吻部向下压，使头骨与脊柱相接处突起。右手用探针在背部两毒腺中点连线与背正中线交点处触划，当触及一凹陷处即枕骨大孔，由此垂直刺入，先将探针左右摆动以切断脑与脊髓的联系，再将针向前插入脑腔左右搅动，破坏脑组织，然后倒转探针的方向向后插入脊椎管中，在向下插入的同时旋转探针以破坏脊髓，直至腹部和四肢肌肉由僵直到完全松软下垂为止，说明脑和脊髓被完全破坏。抽出探针，用干棉球堵住针眼止血。

将蟾蜍（或蛙）腹面朝上，放于解剖盘中。展开四肢，用大头针在腕部和跗部钉入，固定在解剖盘中。用解剖剪自泄殖腔至下颌沿腹中线剪开皮肤，并分离，再沿腹中线偏左侧剪开腹壁，向前剪断胸骨及上乌喙骨，将腹壁及肩带向两侧分离，暴露体腔，先进行原位观察。

2）消化系统

消化道包括口咽腔、食管、胃、小肠（十二指肠和回肠）、大肠和泄殖腔。消化腺包括肝脏、胰脏。

口咽腔　为消化系统和呼吸系统共同的通道。将口打开并沿颌角剪开少许，将下颌向下翻，观察口咽腔。蟾蜍口腔内无牙齿（蛙有上颌齿和犁骨齿）。口腔底部有一肌肉质舌，舌尖钝圆不分叉，舌根固着在口腔底部前端，舌向后折叠（蛙舌尖分叉）。口腔顶部前端有一对椭圆形小孔为内鼻孔，与外鼻孔相通。★内鼻孔的出现有何意义？口腔顶部两侧靠近口角处有一对耳咽管孔，用镊子轻轻探入，可到达鼓膜，与中耳腔相通。★有何作用？雄蛙口腔底部两侧口角各有一声囊孔（蟾蜍无）。口腔中央有两个向下的开口，在舌尖后方，腹侧开口由两个半月形勺状软骨围绕，呈突起状，中央纵裂向下通入喉气管室，为喉门，是喉气管室在咽部的开口。喉门背侧开口是食道口，向下通入食管。

食管　口咽腔向下通入一很短的食管，食管以贲门接胃。

胃　胃是弯曲的膨大囊状体，位于胸腹腔左侧，前端较宽，后端渐细，末端显著收缩的部位为幽门。胃内侧的小弯曲称为胃小弯，外侧的大弯曲称为胃大弯，胃中间部位称为胃底。

小肠　幽门后接十二指肠，向右前方延伸，当它再次折向体腔右下部时称为回肠。

大肠　大肠连接回肠，在腹腔后端加宽为直肠，粗而短，通向泄殖腔。泄殖腔以泄殖腔孔通向体外。

肝脏　位于胸腹腔前端，心脏的后方，分左右两叶和中间较小的中叶，红褐色。胆囊绿色圆形，在中叶的背面左右肝叶之间，用镊子轻轻夹起胆囊，向后牵拉，可见胆囊前缘发出两根胆囊管，一根与肝管连接，接受肝脏分泌的胆汁，一根与胆总管相接，以胆总管通入十二指肠。提起十二指肠，用手挤压胆囊，可见暗绿色胆汁经胆总管流入十二指肠。

胰脏　胃与十二指肠之间的肠系膜上有1个不规则的呈条状的淡黄色腺体，为胰脏，分泌胰液借胆总管排入十二指肠。

脾脏　直肠前端的肠系膜上有1个深红色、圆形、小的脾脏，是淋巴器官。

3）呼吸系统

包括鼻腔、口咽腔、喉气管室和肺。

喉气管室　将心脏后移，用钝头镊子自咽部喉门处通入，可见心脏背方粗短半透明的管，即喉气管室，后端通入肺。

肺　为1对粉红色的薄壁囊状物，肺在膨大与缩小时体积差别很大，内壁呈蜂窝状，布满丰富的毛细血管。

4）循环系统

（1）心脏。成体的心脏位于围心腔内，由静脉窦、左右心房、心室和动脉圆锥4部分组成。

静脉窦　暗红色薄壁囊，呈三角形，位于心脏的背面，前面两角分别连接左、右前大静脉，后面连接后大静脉，静脉窦开口于右心房。在静脉窦的前端左侧有一较细的肺静脉注入左心房。

心房　2个，为薄壁、有皱襞的囊状体，左心房接收由肺静脉返回的多氧血，右心房以窦房孔与静脉窦相通，接收由体静脉运回的少氧血。

心室　1个，具有肌肉质的厚壁，壁上有肌肉质柱状皱褶。

动脉圆锥　位于心室腹面右侧，通过3个半月瓣与心室相接。动脉圆锥内有一纵行的螺旋瓣。

待整个实验观察结束后，将心脏取下，剖开心脏，观察房室瓣、半月瓣、螺旋瓣及心室壁上的皱褶。★瓣膜的作用是什么？

（2）动脉系统。从动脉圆锥发出的左右动脉干穿出围心腔后，每支又分为3支，即颈动脉弓、体动脉弓和肺皮动脉弓。

颈动脉弓及其分支　是由动脉干发出的最前面的1支血管，分为外颈动脉和内颈动脉。外颈动脉较细，分布至下颌和口腔壁；内颈动脉较粗，分布至脑、眼、上颌等处，内颈动脉基部有膨大的颈动脉腺。

体动脉弓及其分支　最粗的1支动脉弓，左、右体动脉弓弯向背侧，分出喉动脉

（至喉部）、枕椎动脉（至脊髓、背部的皮肤及肌肉）和锁骨下动脉（至前肢），左、右体动脉弓汇合成1条背大动脉向后发出腹腔肠系膜动脉（分为2支，1支为腹腔动脉，分别分布到胃、肝脏、胆囊、胰脏；1支为前肠系膜动脉，分布到肠系膜、肠、脾脏等处）、泄殖动脉（4～6对，分布到肾脏、生殖腺、脂肪体等处）、腰动脉（1～4对，分布到体腔背壁）、后肠系膜动脉（分布到后部的肠系膜、直肠及雌性的子宫）、总髂动脉（左右成对，进入后肢前分出膀胱动脉，进入后肢分成股动脉和臀动脉）。

肺皮动脉弓及其分支　由动脉干发出的最后面的动脉弓，又分为2支，即肺动脉（较细，通入肺）和皮动脉（较粗，跨过肩部，分布于背面的皮肤上）。

（3）静脉系统。

a. 肺静脉：1对，收集经肺气体交换后的血液，左右肺静脉合并流入左心房。

b. 体静脉：包括1对前大静脉（通入静脉窦的左右角）和1条后大静脉（通入静脉窦的后角）。

前大静脉　分为3支，外颈静脉（最前方的1支，收集来自口底、舌部、下颌等处的血液）；无名静脉（位于中间，由2支汇合而成，内颈静脉收集头部的血液；肩胛下静脉收集肩部和前壁的血液）；锁骨下静脉（位于最后，收集来自前肢和背面皮肤的血液）。

后大静脉　肠背侧的粗大静脉，接受肾静脉（4～6对）、生殖静脉和肝静脉的血液。

c. 门静脉：包括肾门静脉和肝门静脉。

肾门静脉　接受由后肢回心的两支血管，臀静脉和位于大腿外侧的股静脉，两支静脉汇合后进入肾脏，散成毛细血管。

肝门静脉　收集来自消化道、胰、脾等处的血液，与腹静脉的1支汇合进入肝脏。

腹静脉　左右后肢股静脉分出骨盆静脉，在腹中线处汇合形成的1条静脉，沿腹壁中线前行，至肝脏处分成3支，2支分别进入肝脏的左、右叶，1支汇入肝门静脉。

5）排泄系统

肾脏　在胸腹腔中后部，脊柱两侧有1对扁平的呈长条形暗红色的肾脏，其内侧缘呈分叶状。肾脏腹面中央有1条黄色带状腺体，为肾上腺（属内分泌器官）。

输尿管　肾脏外侧缘靠后端的1条细管，即输尿管（吴氏管，雄性输精兼输尿），向后延伸通入泄殖腔。

膀胱　位于体腔后端，为1个两叶状的薄壁囊状器官，与泄殖腔腹壁相通。由泄殖腔壁突出形成，属泄殖腔膀胱。

泄殖腔　为消化系统、排泄系统、生殖系统共同的通道。

6）生殖系统

（1）雄性。

精巢　1对，长柱形（蛙为卵圆形），位于肾脏内侧。

输精管　精巢发出许多输精小管进入肾脏前端，与输尿管相连，输尿管兼输精。

脂肪体　1 对，精巢前端的黄色指状突体，大小因季节而有变化。★脂肪体的作用是什么？

毕氏器和退化的输卵管　在肾脏的外侧，各有 1 条白色细管，后端汇合开口于泄殖腔，为退化的输卵管。蟾蜍的精巢前方，有一扁圆形的结构，为毕氏器，是退化的卵巢（蛙无毕氏器）。

（2）雌性。

卵巢　1 对，呈不规则囊状，由卵巢系膜悬于背面体壁上。形状大小因季节不同变化较大。生殖季节卵巢充满黑色成熟的卵细胞，未成熟时淡黄色。

输卵管　1 对，白色长而盘旋的管道，位于体腔输尿管外侧，不与卵巢直接相连。前端一直到肺的基部，以喇叭口开口于体腔。输卵管后端膨大成囊状的子宫，左右子宫合并后开口于泄殖腔（蛙不合并）。

脂肪体　1 对，卵巢前端的黄色指状突起，大小随季节而变化。

7）神经系统

将内脏器官全部取出，把胸腹腔背面薄腹膜撕去即可见白色脊神经（腹支）由椎间孔发出，由后向前顺序找出 10 对脊神经。第 10 对很细，由尾杆骨中部两侧小孔穿出；第 9 对由第 9 椎骨与尾杆骨之间穿出，由此向前每一椎间孔穿出 1 对脊神经。第 7、8、9、10 对组成腰荐神经丛，分布于后肢。第 4、5、6 对分布于体壁，第 2（较粗大）、3 对组成臂神经丛，分布于前肢，第 1 对分布于舌下。

观察神经系统模型或剥制的神经系统标本，依次观察嗅叶、大脑半球、间脑、中脑视叶、小脑（不发达，呈片状）、延脑（三角形）、脑神经（10 对，发出位置）、脊髓、脊神经。

8）骨骼系统

观察蟾蜍（或蛙）的骨骼系统标本，进行辨认。

（1）头骨。扁而宽，分为脑颅和咽颅。脑颅为容纳脑的空间，两侧各有一大空隙，眼球着生于此。脑颅后端有枕骨大孔，脑由此与脊髓相通；咽颅为支持上下颌和舌的骨骼。

脑颅　包括外枕骨、前耳骨、鳞骨、额顶骨、鼻骨、蝶筛骨、犁骨、副蝶骨。

咽颅　包括前颌骨、上颌骨、方轭骨、翼骨、腭骨、颐骨、齿骨、舌骨、耳柱骨（位于中耳腔，由舌颌骨演化而成）。

（2）脊柱。分为颈椎（1 枚），躯椎（7 枚），荐椎（1 枚）和尾杆骨（1 枚）。

（3）胸骨。包括胸骨和剑胸骨，连于肩带上乌喙骨的后端（蛙的胸骨除了胸骨和剑胸骨之外，还有肩胸骨和上胸骨，分别连于上乌喙骨的两端）。

（4）带骨。

肩带　包括乌喙骨、肩胛骨、上肩胛骨、上乌喙骨和锁骨，肩胛骨、乌喙骨、锁骨会合处构成肩臼，与前肢骨相关节。蟾蜍左右侧的上乌喙骨在腹部相互重叠，称为弧胸型肩带（蛙左右侧的上乌喙骨平行排列，称为固胸型肩带），为两栖类分类的重要依据。

腰带　由3块骨组成，即髂骨、坐骨、耻骨。髂骨细长，位于背面，与荐椎的粗大横突相接；坐骨在后端愈合，耻骨位于腹面；3块骨在外侧面共同形成髋臼与股骨关节。

（5）附肢骨。前肢骨包括肱骨、桡尺骨、腕骨、掌骨和指骨。后肢骨包括股骨、胫腓骨、跗骨、蹠骨和趾骨。

作业

1. 绘制蟾蜍的内脏解剖原位图，标注各系统的主要器官。
2. 绘制蟾蜍的循环系统简图，标注各部分名称。
3. 绘制蟾蜍的口咽腔内的结构图，标注各结构的名称。

思考题

总结两栖类对陆地生活初步适应的特征和不完善性特征。

实验十四

两栖纲和爬行纲的分类

实验目的

1. 了解两栖纲和爬行纲的分类术语，进一步熟悉检索表的使用方法。
2. 了解两栖纲和爬行纲的目及主要科的特征，认识常见和有经济意义的种类。

实验内容

1. 两栖纲和爬行纲的分类术语的使用和性状的测量。
2. 利用检索表对两栖纲和爬行纲分类，根据具体情况，选择一些常见的、具有经济价值的代表种类进行识别。

实验材料与用具

1. 材料：两栖纲及爬行纲代表种类的浸制标本。
2. 用具：放大镜，体视镜，解剖针，镊子，解剖盘，直尺，卡尺。

实验操作与观察

1. 两栖纲的度量分类常用术语

1）无尾两栖类成体外形及度量（图 14-1）

2）有尾两栖类成体外形及度量（图 14-2）

3）分类检索常用术语

（1）无尾两栖类。

固胸型肩带　左右上乌喙骨在腹中线紧密相连而不重叠，如蛙科、姬蛙科。

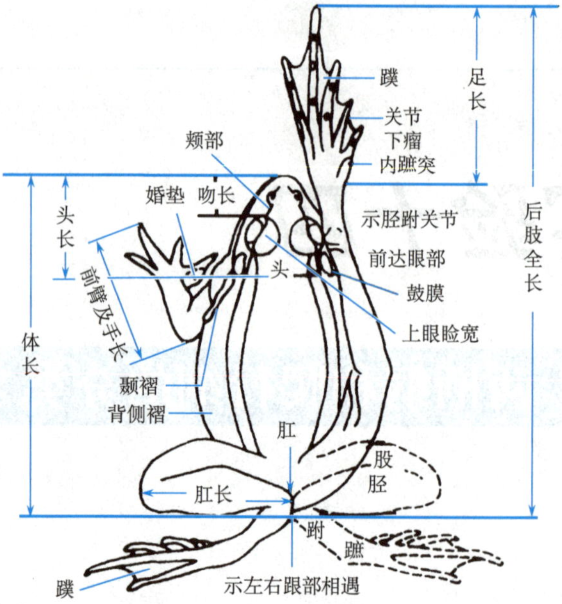

图 14-1　无尾两栖类的外形和各部的度量（叶昌媛等，1993）

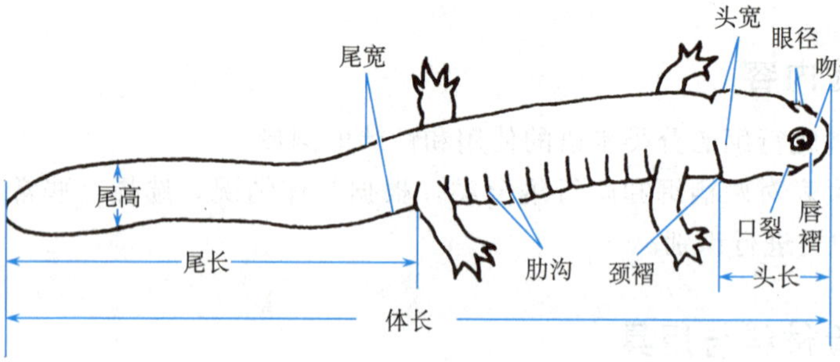

图 14-2　有尾两栖类的外形和各部的度量（叶昌媛等，1993）

弧胸型肩带　　左右上乌喙骨彼此重叠，肩带可通过上乌喙骨在腹面左右交错活动，如盘舌蟾科、蟾蜍科、雨蛙科。

后凹型椎体　　各椎骨的椎体均是前凸后凹，前 3 枚躯干椎有短肋，荐椎横突宽大，尾杆骨髁 1 或 2 个，如盘舌蟾科。

前凹型椎体　　各椎骨的椎体均是前凹后凸，躯干椎无肋骨，荐椎横突较宽大，尾杆骨髁 2 个，如蟾蜍科、雨蛙科。

变凹型椎体　　椎骨的椎体有前凹后凸，也有前后都凹，躯干椎无肋骨，荐椎横突宽大，尾杆骨髁 1 个，如锄足蟾科。

参差型椎体　　1～7 椎骨的椎体前凹后凸，一般第 8 枚椎骨的椎体为前后均凹，躯干椎无肋骨，荐椎横突柱状或略宽大，尾杆骨髁 2 个，如蛙科、树蛙科、姬蛙科。

婚垫　雄性第 1 指背面基部的局部隆起。有的种类第 2、3 指背面也有婚垫。

婚刺　婚垫上着生的黑色角质刺。

指（趾）序　用阿拉伯数字表示指（趾）长短的顺序。例如，3、4、2、5、1 表示第 3 趾最长，第 1 趾最短，第 4、2、5 趾长度依次递减。

指（趾）吸盘　指（趾）末端膨大呈圆盘状，腹面增厚成肉垫，可吸附于其他物体上。

满蹼　趾间蹼达端部，蹼的游离缘凸出于趾端。

全蹼　趾间蹼达端部，蹼的游离缘不凸出于趾端，有内凹或缺刻。

半蹼　趾间蹼缺刻深，2、3、4 趾外侧的蹼缺刻等同，均达趾长的 1/2 左右。

蹼迹　趾的基部有极弱的蹼，只在趾的两侧有皮肤褶，称缘膜，又称蹼迹、微蹼。

关节下瘤　指（趾）腹面活动关节之间的隆起。

掌突　掌底面基部的突起。位于掌内侧的称内掌突，位于外侧的称为外掌突。

蹠突　蹠底面基部的突起。位于内侧的称内蹠突，位于外侧的称外蹠突。

雄性腺　仅雄性存在的一种结缔组织，系腹斜肌与腹直肌间的结缔组织，宽带状，生活时呈白色或粉红色，经福尔马林固定后，呈粉红色或红色。例如，北方狭口蛙体腹面的大片腺体，其分泌物可使雄性个体牢固的粘贴在雌性的背上。

犁骨齿　犁骨上着生的小齿，一般突出于口腔上皮之外。

内鼻孔　位于口腔顶部前端的 1 对小孔，与外鼻孔相通。

耳咽管孔　位于口腔顶壁口角两侧的 1 对小孔，又称咽鼓管孔或欧氏管孔，与中耳腔相通。

上颌齿　着生于上颌骨和颌骨上的小齿。

咽下单内声囊　位于咽喉腹面，被皮肤掩盖，该处肌肉皱褶向外突出形成半弧形双壁结构。鸣叫时双壁之间充气成为单个的囊，在咽喉部上下起伏，如花背蟾蜍。

咽侧成对内声囊　位于口角处下颌腹面，被皮肤掩盖，该处肌肉皱褶成袋状突起。鸣叫时两口角腹面略膨大，如中国林蛙。

咽下单外声囊　位于咽喉腹面，该处皮肤起皱褶而松弛，或有深色色素，鸣叫时可膨胀成泡状，如雨蛙、北方狭口蛙。

咽侧成对外声囊　位于两口角处，紧贴下颌缘，该处皮肤皱褶突出时似袋状，如黑斑蛙。

颞褶　自眼后经口角背侧达肩部的皮肤隆起。

背侧褶　位于背部，起自眼后，向后达胯部的 1 对纵行皮肤隆起。

跗褶　位于后肢跗部，背腹面临界处的纵行皮肤隆起，内、外侧分别为内跗褶、外跗褶。

肤褶（肤棱）　分散于皮肤表面微弱增厚的纵褶。

耳后腺　位于眼后枕部两侧的皮肤腺聚集成一定的增厚部分。

瘰粒　皮肤腺聚集成团，不规则地分散或密集排列，表面不光滑的大隆起。

疣粒　皮肤腺聚集成团，不规则地分散或密集排列，表面光滑的小隆起。

间介软骨　指（趾）远侧端最后2个骨节之间的1块软骨。

"Y"形软骨　指（趾）远侧端最末节骨节游离端呈叉形。

（2）有尾两栖类。

犁骨齿　犁骨上着生的小齿。

囟门　头骨骨块未完全骨化留下的孔隙，位于前颌骨和鼻骨间的称前颌囟，如北鲵属；位于额骨和顶骨中缝间的称额顶囟，如极北鲵。

肋沟　躯干部体侧，相当于肋骨之间形成的凹痕。

唇褶　颌缘皮肤肌肉的突出部分，掩盖口裂。

颈褶　颈部侧面及腹面的皮肤皱褶。

角质鞘　皮肤角质化的形成物，一般存在于掌（跖）腹面、指（趾）末端。

泄殖腺　泄殖腔附近与生殖有关的腺体。

2. 两栖纲的分类

现存两栖动物可分为3个目：蚓螈目、有尾目和无尾目。

两栖纲分目检索表

1. 无四肢，身体长圆柱状，体表有皮肤皱褶形成的环纹 ………………………… 无足目（Apoda）
   有四肢 ………………………………………………………………………………………… 2
2. 四肢较短小，有明显颈部，躯干细长，有发达的尾 ………………………… 有尾目（Caudata）
   成体四肢发达，无明显颈部，躯干短宽，成体无尾 ………………………… 无尾目（Anura）

我国有尾目分科检索表

1. 犁骨齿呈"∧"形，自两内鼻孔之间向后延伸；体侧肋沟不明显；椎体后凹型 ………
   …………………………………………………………………………… 蝾螈科（Salamandridae）
   犁骨齿不呈"∧"形，体侧有明显肋沟或具粗大的肤褶；椎体双凹型 ………………………… 2
2. 眼小，无眼睑；犁骨齿一长列，与上颌齿平行，呈弧形；体侧皮肤有一粗大的纵褶 …
   …………………………………………………………………… 隐鳃鲵科（Cryptobranchidae）
   具眼睑；犁骨齿为二短列或呈"U"字形；体侧肋沟明显 ………… 小鲵科（Hynobiidae）

我国无尾目分科检索表

1. 舌盘状，周围与口腔黏膜相连，不能自如伸出；椎体后凹型，成体有短肋 ……………
   …………………………………………………………………………… 盘舌蟾科（Discoglossidae）
   舌不成盘状，舌端游离，能自如伸出；椎体非后凹型，成体无肋骨 ………………………… 2
2. 肩带弧胸型；椎体前凹型或变凹型 ……………………………………………………………… 3
   肩带固胸型；椎体参差型 …………………………………………………………………………… 5

3. 指（趾）端膨大，呈吸盘状；无耳后腺；指（趾）末2节间具间介软骨……………………………………………………………………………………………… 雨蛙科（Hylidae）
指（趾）端尖细，不呈吸盘状；有耳后腺；指（趾）末2节间无具间介软骨 …………… 4
4. 上颌无齿；椎体前凹型；尾杆骨髁2枚 …………………………………… 蟾蜍科（Bufonidae）
上颌具齿；椎体变凹型；尾杆骨髁1枚 ……………………………… 锄足蟾科（Pelobatidae）
5. 上颌多数无齿；荐椎横突宽大…………………………………………… 姬蛙科（Microhylidae）
上颌具齿；荐椎横突呈柱状 ……………………………………………………………………… 6
6. 指（趾）端形直，不呈吸盘状；指（趾）末2节间无间介软骨 …………… 蛙科（Ranidae）
指（趾）端膨大呈吸盘状；指（趾）末2节间具间介软骨；指（趾）末端趾骨呈“Y”字形 ………………………………………………………………………… 树蛙科（Rhacophoridae）

3. 两栖纲物种观察

根据实际情况选取常见和代表种类，利用检索表鉴定到科，记录观察物种的主要特征。

大鲵（*Andrias davidianus*）　棕褐色，背面有深色黑斑；头平坦，吻端圆；眼小，口大；四肢短而粗壮。

极北小鲵（*Salamandrella keyserlingii*）　具活动眼睑，皮肤光滑，体侧的肋沟延伸至腹部；指、趾数均为4枚，无蹼。

东方蝾螈（*Cynops orientalis*）　头扁吻钝，吻棱显著；四肢较长、纤弱；指、趾末端尖出，无蹼；体背粗糙，具小疣粒；腹面朱红色，杂以棕黑色斑纹。

东方铃蟾（*Bombina orientalis*）　无鼓膜；瞳孔三角形；身体背面疣上具角质细刺；体背面呈灰棕色，腹面具黑色、朱红色或橘黄色的花斑。

中华蟾蜍（*Bufo gargarizans*）　体粗壮；皮肤粗糙，角质层发达，全身分布有圆形疣；耳后腺突出；腹面黑斑明显。

花背蟾蜍（*B. raddei*）　体型较小，背面多呈橄榄色，具明显不规则的花斑，疣粒上有红点，腹面乳白色无黑斑；耳后腺大而扁。

中国雨蛙（*Hyla chinensis*）　体细，皮肤光滑；肩部具三角形黑斑，第3趾的吸盘大于鼓膜；绿色，体侧及股的前后缘具有黑斑。

中国林蛙（*Rana chensinensis*）　背面有侧褶；后肢细长，两足跟可互交；两肋无明显黑斑；鼓膜处有黑色三角形斑；体背及体侧具分散的黑斑点；四肢具清晰的横纹。

金线蛙（*R. plancyi*）　背面有侧褶；足跟不互交，大腿后面具明显的白色纵纹；体背面绿色，背侧褶及鼓膜棕黄色。

黑斑蛙（*R. nigromaculata*）　背面有侧褶；足跟不互交；大腿后面无白色纵纹；体黄绿色或棕灰色，具不规则的黑斑。

斑腿树蛙（*Polypedates leucomystax*）　背面皮肤光滑，大腿有网状花斑；吻棱和鼓膜明显，指吸盘较趾吸盘大。

北方狭口蛙（*Kaloula borealis*）　皮肤厚而光滑，头和口小；吻圆而短，鼓膜不明显。

4. 爬行纲的分类常用术语

1）龟鳖目分类常用术语（图 14-3，图 14-4）

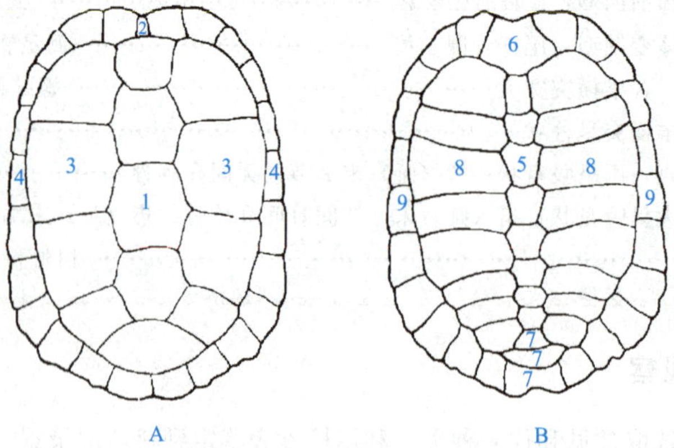

图 14-3　龟背甲的盾片（A）和骨板（B）

1. 椎盾；2. 颈盾；3. 肋盾；4. 缘盾；5. 椎板；6. 颈板；7. 臀板；8. 肋板；9. 缘板

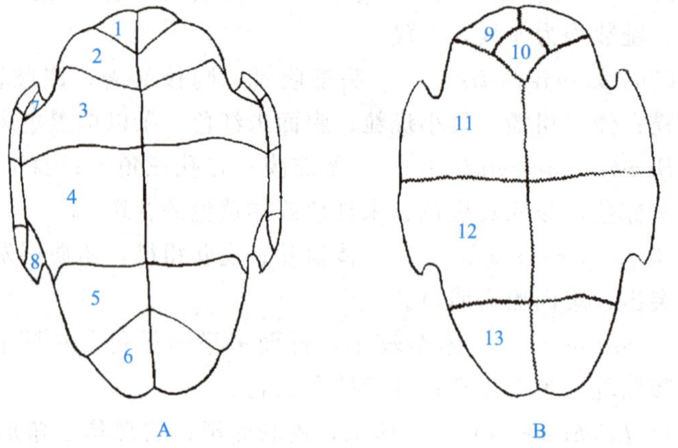

图 14-4　龟腹甲的盾片（A）和骨板（B）

1. 喉盾；2. 肱盾；3. 胸盾；4. 腹盾；5. 股盾；6. 肛盾；7. 腋盾；8. 胯盾；

9. 上板；10. 内板；11. 舌板；12. 下板；13. 剑板

2）蜥蜴亚目分类常用术语

（1）头部鳞片（图 14-5）。

（2）鳞片的类型。

方鳞　身体腹面近于方形的大鳞片。

圆鳞　身体背腹面近于圆形的大鳞片。

粒鳞　鳞小而略圆，平铺排列。

疣鳞　分布在粒鳞间的粗大疣状鳞片。

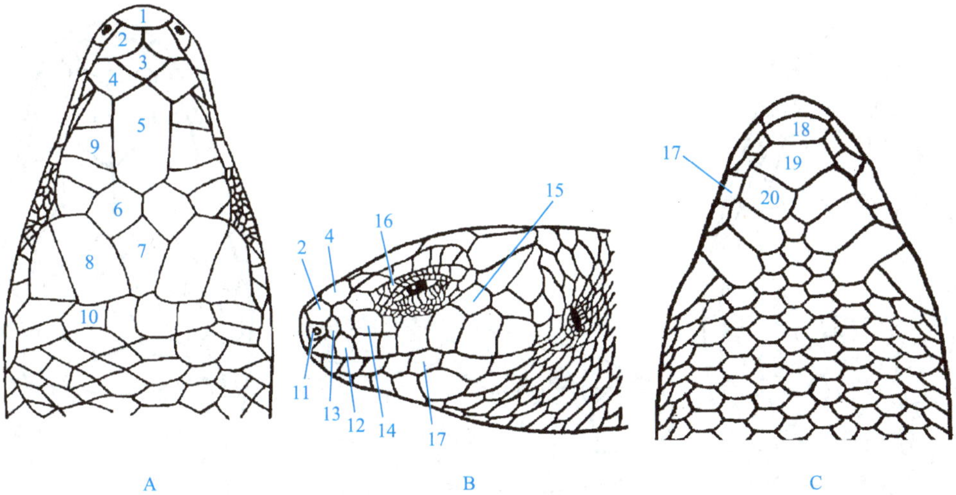

图 14-5　蜥蜴头部的鳞片

A. 背面观；B. 侧面观；C. 腹面观

1. 吻鳞；2. 上鼻鳞；3. 额鼻鳞；4. 前额鳞；5. 额鳞；6. 额顶鳞；7. 顶间鳞；8. 顶鳞；9. 眶上鳞；10. 颈鳞；11. 鼻鳞；12. 上唇鳞；13. 后鼻鳞；14. 颊鳞；15. 颞鳞；16. 上睫鳞；17. 下唇鳞；18. 颏鳞；19. 后颏鳞；20. 颔片

棱鳞　鳞片上面具有突起的纵棱。

鬣鳞　位于颈背中央，成一纵行竖立侧扁的鳞片。

脊鳞　沿背中线一行或多行略为扩大的鳞片。

(3) 其他术语。

肛前窝　在肛前的部分鳞片上的小窝，形成一横排。

鼠蹊窝　在鼠蹊部的部分鳞片上的小窝，一至数对。

股窝　在股部腹面部分鳞片上的小窝，由几对到几十对，排列成行。

耳孔瓣突　耳孔边缘鳞片突出部分形成的叶状物。

喉褶　喉部横行的皮肤褶，褶缘被细鳞。

喉囊　喉部皮肤延伸形成的囊状结构。

指（趾）下瓣　在指（趾）腹面排列成行的皮肤褶襞。

栉状缘　指（趾）侧缘的鳞片突出形成的锯齿状结构。

3) 蛇亚目分类常用术语

(1) 头部的鳞片（图 14-6）。

(2) 躯干及尾部的鳞片。

腹鳞　躯干腹面、肛鳞之前正中的 1 行较宽大的鳞片。

肛鳞　紧覆于泄殖孔之外的鳞片。2 枚或 1 枚。

背鳞　躯干部除腹鳞和肛鳞外的鳞片。背鳞排列前后略呈纵行，计数时取颈部、中段及肛前的行数。

尾下鳞　一般为双行，左右交错排列，其数目以对数计算，但尾尖 1 枚成单；少数种类单行。

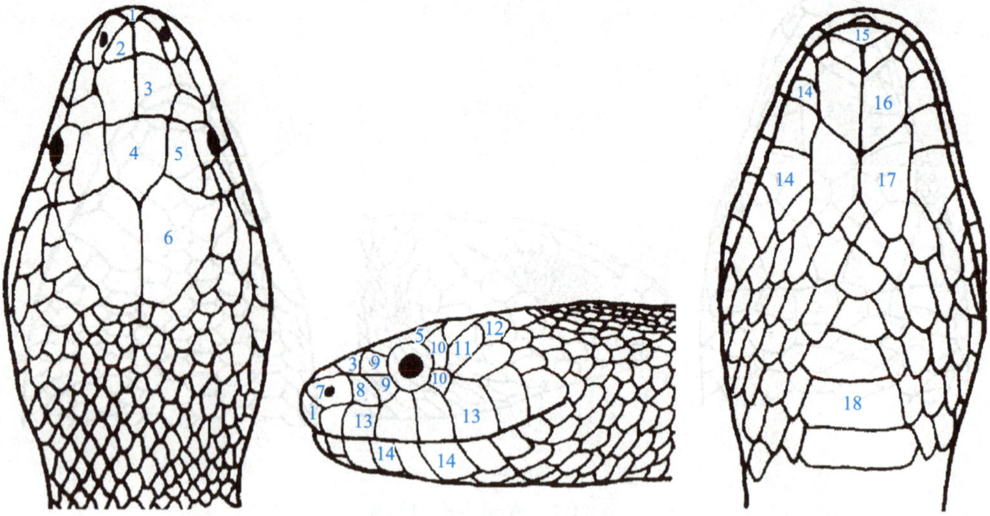

图 14-6　蛇头部的鳞片

A. 背面观；B. 侧面观；C. 腹面观

1. 吻鳞；2. 鼻间鳞；3. 前额鳞；4. 额鳞；5. 眶上鳞；6. 顶鳞；7. 鼻鳞；8. 颊鳞；9. 眶前鳞；10. 眶后鳞；11. 前颞鳞；12. 后颞鳞；13. 上唇鳞；14. 下唇鳞；15. 颏鳞；16. 前颔片；17. 后颔片；18. 腹鳞

5. 爬行纲的分类

我国爬行动物分目检索表

1. 身体短宽，躯干部具骨质的背甲和腹甲 ………………………… 龟鳖目（Chelonia）
   身体正常，被覆角质鳞片 ………………………………………………………… 2
2. 泄殖腔横裂；雄性具成对的交配器 ……………………………… 有鳞目（Squamata）
   泄殖腔纵裂；雄性具单个的交配器 ……………………………… 鳄目（Crocodilia）

我国龟鳖目分科检索表

1. 背腹甲外被覆皮肤 ………………………………………………………………… 2
   背腹甲外被覆角质盾片 …………………………………………………………… 3
2. 背甲具 7 行纵棱；头、颈、四肢不能缩入壳内；四肢无爪 ……………………
   ………………………………………………………… 棱皮龟科（Dermochelydidae）
   背甲无纵棱；头、颈能缩入壳内；四肢具爪 ………………… 鳖科（Trionychidae）
3. 四肢呈鳍状；指（趾）不明显，具 1 或 2 个爪 ……………… 海龟科（Cheloniidae）
   四肢不呈鳍状；指（趾）明显，具 4 或 5 个爪 ……………………………………… 4
4. 腹甲与背甲间具下缘盾；头大，尾长 ……………………… 平胸龟科（Platysternidae）
   腹甲与背甲间具下缘盾；头小，尾短 ……………………………………………… 5

5. 四肢多扁平，指（趾）间多具蹼；头部背面平滑无鳞 …………………… 龟科（Emydidae）
四肢多呈圆柱状，指（趾）间无蹼；头部背面具大型对称的角质鳞 ……………………
………………………………………………………………………… 陆龟科（Testudinidae）

我国有鳞目分科检索表

1. 多有四肢，即使退化，也有肩带和腰带或残余；多数具活动眼睑；有外耳道和鼓膜；尾一般与头体长等长或超过头体长 ………………………………………… 2 蜥蜴亚目（Lacertilia）
无四肢；无活动眼睑；无外耳道和鼓膜；尾一般短于头体长 ……… 10 蛇亚目（Serpentes）
2. 无四肢，或雄性肛侧凹槽内具扁平鳍状后肢 ……………………………………………… 3
有四肢 ……………………………………………………………………………………… 4
3. 体侧有纵沟；眼正常；口位于头前端；无四肢；尾长大于头体长 …… 蛇蜥科（Anguidae）
体侧无纵沟；眼隐于皮下；口位于吻腹面；雄性肛侧凹槽内具扁平鳍状后肢；尾不足头体长的一半 ………………………………………………………… 双足蜥科（Dibamidae）
4. 头背面无对称排列的大型鳞片 ……………………………………………………………… 5
头背面有对称排列的大型鳞片 ……………………………………………………………… 9
5. 成体全长超过 1m；舌细长深分叉 …………………………………… 巨蜥科（Varanidae）
成体全长短于 1m；舌不细长不深分叉 ……………………………………………………… 6
6. 身体被覆粒鳞，或粒鳞间杂有稍大的疣鳞 ………………………………………………… 7
身体被覆均匀一致或大小不等的棱鳞或平滑鳞片 ………………………………………… 8
7. 无活动眼睑 ………………………………………………………………… 壁虎科（Gekkonidae）
具活动眼睑 ……………………………………………………………… 睑虎科（Eublepharidae）
8. 尾背面有鬣鳞形成的 2 行纵脊 ………………………………………… 鳄蜥科（Shinisauridae）
尾背面无纵脊或有 1 行纵脊 ………………………………………………… 鬣蜥科（Agamidae）
9. 体背面被棱鳞或颗粒鳞，腹鳞方形或矩形；具有股孔或鼠蹊孔 ……… 蜥蜴科（Lacertidae）
体表被覆瓦状排列的光滑圆鳞，角质鳞下有骨板；无有股孔或鼠蹊孔 ……………………
……………………………………………………………………………… 石龙子科（Scincidae）
10. 头尾与躯干部区分不明显；上颌无齿；身体被覆大小一致的鳞片；眼退化隐于鳞下 ……
……………………………………………………………………………… 盲蛇科（Typhlopidae）
头尾与躯干部区分明显；上、下颌具齿；眼正常，不隐于鳞下 …………………………… 11
11. 身体被覆瘰粒状鳞，环体一圈超过 100 枚 …………………………… 瘰鳞蛇科（Acrochordidae）
身体被覆非瘰粒状鳞，躯干部腹鳞较宽大（个别海蛇除外） …………………………… 12
12. 有后肢残余，在泄殖腔两侧呈距状 ……………………………………………………… 13
无后肢残余 ………………………………………………………………………………… 14
13. 腹鳞稍大于相邻背鳞；背鳞 21 行 ………………………………… 盾尾蛇科（Uropeltidae）
腹鳞较窄而明显；背鳞 30 行以上 ……………………………………………… 蟒科（Boidae）
14. 上颌骨前端有毒牙 ………………………………………………………………………… 15
上颌骨前端无毒牙 …………………………………………………………………………… 16

15. 具沟状毒牙，头一般呈椭圆形 …………………………………………… 眼镜蛇科（Elapidae）
具管状毒牙，头一般呈三角形 ……………………………………………………… 蝰科（Viperidae）
16. 腹鳞较窄，一般小于相邻背鳞的 3 倍；顶鳞 2 对，具顶间鳞 … 闪鳞蛇科（Xenopeltidae）
腹鳞宽大，一般与躯体径粗相等；顶鳞 1 对，无顶间鳞 …………… 游蛇科（Colubridae）

6. 爬行纲物种观察

根据实际情况选取常见和代表种类，利用检索表鉴定到科，记录观察物种的主要特征。

乌龟（*Chinemys reevesii*）　腹甲与背甲直接相连；指（趾）全蹼；背甲具有 3 条纵棱，吻端向内下侧斜切。

三线闭壳龟（*Cuora trifasciata*）　腹甲与背甲借韧带相连；背甲具 3 条棕黑色纵棱；腹甲后缘有明显缺刻；颈盾窄长。

玳瑁（*Eretmochelys imbricata*）　头背有对称排列的大鳞；前鳞 2 对；肋盾 4 对；颈盾 1 枚；背面盾片覆瓦状排列；上喙具钩状曲；前后肢各具 2 爪。

海龟（*Chelonia mydas*）　头背有对称排列的大鳞；前鳞 1 对；肋盾 4 对；颈盾 1 枚，梯形；下缘盾 4 枚；背面盾片平砌。

鳖（*Pelodiscus sinensis*）　颈基部两侧无大瘰疣团；背甲前缘无明显的成排疣粒。

无蹼壁虎（*Gekko swinhonis*）　无活动眼睑；体被颗粒状鳞，有扁圆形的疣鳞；雄性具肛前孔 6～10 个；指（趾）端膨大呈吸盘状，无蹼；颈及躯干背面有 6 或 7 条横斑，尾背面有 12～14 条横斑。

大壁虎（*G. gecko*）　无活动眼睑；体被颗粒状鳞，散布 12～14 列疣鳞；雄性具肛前孔 16～26 个；指（趾）端膨大呈吸盘状，具微蹼；个体较大；背面具红色或蓝色花斑；在背部及尾形成 6～8 条窄横斑。

斑飞蜥（*Draco maculatus*）　鼓膜被鳞；具翼状皮膜，上面橘黄色，有黑色斑点形成的纵纹线。

草原沙蜥（*Phrynocephalus frontalis*）　背部及胸腹部、四肢具棱鳞；有腋斑；背部有对称排列的暗斑或杂纹；尾腹面有深色半环。

中国石龙子（*Eumeces chinensis*）　有上鼻鳞，无后鼻鳞；第 2 列下颞鳞楔形；后颏鳞 2 枚；体侧线由断续黑斑点缀连而成，杂有红棕色斑。

蓝尾石龙子（*E. elegans*）　具上鼻鳞，无后鼻鳞；后颏鳞 1 枚；颈鳞 1 对；身体具 5 条黄色纵纹，尾部蓝色。

丽斑麻蜥（*Eremias argus*）　额鼻鳞 2 枚，眶下鳞不嵌入上唇鳞，尾长不超过头体长的 1.5 倍；背及肋部具纵行的白色眼斑及链状纹。

北草蜥（*Takydromus septentrionalis*）　背部有 6 行鳍棱大鳞；腹鳞 8 行具棱；尾长超过头体长的 2～3 倍以上；背面棕绿色。

巨蜥（*Varanus salvator*）　大型种类，成体 1～2m；颈长；四肢健壮，尾长侧扁；头体背面具小鳞；鼻孔位于吻眼间近吻端处。

蟒蛇（*Python molurus*）　大型无毒蛇，最大超过 3.5m；具唇窝；泄殖腔两侧有退化为爪状的后肢残余。

赤链蛇（*Dinodon rufozonatum*）　身体黑褐色，枕部具“∧”字形红斑，躯干背面和尾部具有红色窄横斑；腹面灰黑色，腹鳞两侧杂以黑褐色斑点，横斑。

双斑锦蛇（*Elaphe bimaculata*）　背面灰褐色，有两行黑褐色圆斑，圆斑间常连成哑铃状；头背具“∧”形褐色纹；两侧具暗褐色纵斑；腹面具圆形或三角形黑斑；眼后黑带达眼角。

黑眉锦蛇（*E. taeniura*）　头体背橄榄绿色或棕灰色，眼后有黑纹，身体前端有黑色梯状或蝶状斑纹，体中段两侧有明显的黑纵纹达尾端。

滑鼠蛇（*Ptyas mucosus*）　头背黑褐色，体背棕灰色，身体后部有不规则的黑色横斑，至尾部形成网纹；腹面黄白色，腹鳞后缘色黑。

虎斑颈槽蛇（*Rhabdophis tigrinus*）　背面翠绿色或草绿色，身体前端两侧有黑色与橘红色相间排列的斑块；颈背有明显的颈槽；枕部两侧有 1 对粗大的“∧”字形斑。

乌梢蛇（*Zaocys dhumnades*）　背中央 2～4 行鳞起棱；背面绿褐色或棕黑色；背侧有 2 条黑纹纵贯全身。

金环蛇（*Bungarus fasciatus*）　全身具几乎等宽的黑黄相间的环纹；背面具明显的棱嵴；尾末端圆钝；尾下鳞单行。

银环蛇（*B. multicinctus*）　身体背面黑白相间，白色横纹窄；腹面白色；尾下鳞单行。

眼镜蛇（*Naja naja*）　颈部能膨扁，有类似眼镜状斑纹；尾下鳞双行。

尖吻蝮（*Deinagkistrodon acutus*）　有颊窝；吻端尖而略向前翘；头三角形；体背面正中有 1 行约 20 个方形斑块。

中介蝮（*Gloydius intermedius*）　有颊窝；头三角形；背面具土黄色或灰白色细横纹，左右有时交错排列；眼后具一上缘镶细白边的黑褐色眉纹。

竹叶青（*Trimeresurus stejnegeri*）　有颊窝；头三角形；全身绿色；体侧有白色或红白各半的纵线纹；眼睛红色。

圆斑蝰（*Vipera russellii*）　头略呈三角形；无颊窝；背鳞具强棱；身体粗壮。

扬子鳄（*Alligator sinensis*）　吻钝圆；皮肤具角质大鳞；前肢 5 指，后肢 4 趾。

作业

1. 总结两栖纲和爬行纲各目的主要特征。
2. 编写观察到的两栖纲无尾目的物种检索表。
3. 编写观察到的爬行纲蜥蜴亚目或蛇亚目的物种检索表。

思考题

总结两栖纲、爬行纲各类群适应陆生生活的多样性对策。

实验十五

家鸡（或鸽）的外形和内部解剖

实验目的

1. 通过对家鸡（或鸽）的外形和内部解剖结构的观察，掌握鸟类各器官、系统的基本结构和适应飞翔生活的特征。

2. 掌握鸟类的解剖方法。

实验内容

1. 家鸡（或鸽）的解剖。
2. 家鸡（或鸽）整体骨骼的观察。
3. 家鸡（或鸽）神经系统的观察。

实验材料与用具

1. 材料：①活家鸡（或鸽）；②家鸡（或鸽）整体骨骼标本；③家鸡（或鸽）神经系统标本或模型；④鸟类气囊模型。

2. 用具：显微镜，解剖盘，解剖器，骨剪，弯头玻璃管，线绳，棉球，载玻片，盖玻片，二甲苯，乙醚等。

实验操作与观察

1. 外形观察

取活鸡（或鸽）观察，家鸡（或鸽）身体呈纺锤形，可分为头、颈、躯干、尾和附肢5部分，除喙及跗蹠部具有角质覆盖物外，全身被有羽毛，根据羽毛分布可分为羽区和裸区。

羽毛的构造　观察正羽的构造，辨认羽轴、羽根，羽枝、上脐、下脐及副羽；取部分正羽，置载玻片下，滴 1 滴二甲苯，盖上盖玻片，置羽毛装片于低倍镜下，观察羽小枝、羽钩等结构。再观察绒羽及纤羽的构造。★比较 3 种羽毛，有何异同？各有什么功能？

辨认初级飞羽、次级飞羽、三级飞羽和尾羽。★飞羽和尾羽各有何功能？

头部　头部前端具有喙（家鸽上喙基部的皮肤隆起叫蜡膜）；喙基部有外鼻孔；眼具有可动的眼睑及半透明的瞬膜；眼后有被羽毛遮盖的外耳孔。

颈部　细长，活动灵活。

躯干　纺锤形，两侧有翼，下部有脚，躯干后端腹侧具有泄殖腔孔。

尾　具有尾羽；尾的背面基部具有一尾脂腺。★尾脂腺有何功能？

附肢　前肢变为翼；后肢的下端部分被覆角质鳞；足为 4 趾，趾端具有爪。

2. 内部解剖

用窒息法处死家鸡（或鸽），用拇指向上顶住家鸡（或鸽）的下颌，分别用食指和中指捏住两个鼻孔或紧捏家鸡（或鸽）的肋部，令其窒息而死。也可用乙醚麻醉致死，将家鸡（或鸽）置于装有乙醚浸过棉球的标本瓶中密闭，使其麻醉致死。

用水湿润羽毛，顺着羽毛方向，小心拔除腹侧的羽毛。在拔颈部的羽毛时，按住颈部的皮肤，每次不要超过 2 或 3 枚，以免撕破皮肤。把拔除羽毛的家鸡（或鸽）放于解剖盘里。一人从喉头插入弯头玻璃管，向肺内吹气，腹部隆起后，另一人用线绳结扎颈上部；或在颈部纵向切开一小口，暴露出气管，将气管切断，插入弯头玻璃管，向内吹气，当腹部隆起后用线绳结扎气管（需 2 人配合）。然后在泄殖腔孔下方，垂直于胸骨，横向将腹壁皮肤切开一小口；纵向剪开皮肤，沿着龙骨突向前至结扎处，用解剖刀钝端分开皮肤，当剥离至嗉囊处要特别小心，以免造成破损。分离完毕后，将皮肤翻向外侧，即可看到气管、食道和胸大肌。沿着龙骨突两侧及叉骨边缘，小心切开胸大肌，剥离至肱骨上端肌肉的止点处，胸大肌下方的肌肉是胸小肌，用同样方法把它切开，分别牵动胸大肌和胸小肌，观察翅的运动。★胸大肌和胸小肌有何功能？再小心剪开腹部的皮肤，观察气囊，首先暴露出腹部肠之间的一对大气囊即腹气囊，向前依次是后胸气囊和前胸气囊，在叉骨处将肌肉向外侧拉开，可见到单个的锁间气囊，颈部两侧的是颈气囊。★气囊的功能是什么？鸟类气囊的观察也可用模型进行。观察气囊后用骨剪沿胸骨与肋骨相连的地方及乌喙骨与叉骨联结处剪断，将胸骨与乌喙骨等一同去掉，暴露内脏，先进行原位观察，辨认各器官，然后再按系统进行观察。

1）消化系统

（1）消化管。包括口腔、食管、胃、小肠、大肠、泄殖腔。

口腔　上下颌延伸形成角质喙，剪开口角，观察舌。在口腔顶部的两个纵向的黏膜褶壁中间有内鼻孔，口腔后部为咽部。

食管　沿颈的腹面下行，在颈的基部、叉骨附近膨大成嗉囊。★嗉囊的作用是什么？与鸟类的食性有何关系？

胃　包括腺胃和肌胃。腺胃（前胃）上端与嗉囊相连，呈纺锤形。肌胃（砂囊）上接前胃，为一扁圆形的肌肉囊，胃壁厚，内壁覆有坚韧的角质膜（鸡内金），呈黄绿色，肌胃有石砾等坚硬物用以磨碎食物。待观察结束后，取下嗉囊、腺胃、肌胃，剪开观察内部结构，进行比较。

小肠　较长，前端呈“U”形部分为十二指肠。

大肠　直而短，也叫直肠，末端开口于泄殖腔。在小肠与大肠交界处有1对盲肠(家鸡较长，鸽呈豆状)。

(2) 消化腺。

肝脏　分左右两大叶，右叶基部有一胆囊（鸽无胆囊），在肝脏右叶背面有一深凹，由此伸出2条管（胆管、肝管）通入十二指肠后部。

胰脏　位于十二指肠“U”形弯曲部内，淡黄色，分为3叶，有3条胰管通入十二指肠后部。小心分开附近胰脏即可看到。

脾脏　位于十二指肠附近，卵圆形，属淋巴器官。

2) 呼吸系统

外鼻孔　开口于喙基部。

内鼻孔　位于口腔顶部中央的纵沟内。

喉　位于舌根之后，中央的纵裂为喉门。

气管　以完整的软骨环支持。在左右气管分叉处有1段膜状的较膨大的鸣管，鸣管上方的两侧各有1束鸣肌，是鸟类特有的发声器官。

肺　左右2叶，位于胸腔的背方，为1对缺乏弹性的实心海绵状器官。

气囊　与肺连接的9个膜状囊（前面已观察）。

观察结束后，取下喉、鸣管，剖开观察组成喉的软骨（环状软骨、杓状软骨）和内外鸣膜、半月膜。

3) 循环系统

(1) 心脏。靠胸骨背面有一很薄的围心囊，包围心脏，剪开围心囊，观察心脏。前方两个薄壁色深的是左心房和右心房，后面两个壁厚色浅的是左心室和右心室，其中左心室比右心室壁厚。

(2) 动脉。将心脏基部的结缔组织和脂肪清理干净，右体动脉弓从左心室发出，向右背侧弯曲，绕过右侧支气管到心脏的背面后，沿脊柱下行，即为背大动脉。右体动脉弓从心脏发出后，即分出2条无名动脉。无名动脉分出颈动脉、锁骨下动脉、肱动脉和胸动脉，分别进入颈部、前肢和胸部（锁骨下动脉为无名动脉的直接延续）。

沿背大动脉从前向后，可见成对的生殖动脉、肾动脉、髂动脉及到腹腔内脏等器官的腹腔动脉、前肠系膜动脉、后肠系膜动脉，最后形成尾动脉。

肺动脉由右心室发出，位于无名动脉的背侧，分左右2支分别进入左右肺。

(3) 静脉。管壁薄，呈暗红色。在左右心房的前方可看到两条粗而短的静脉，为前大静脉，由颈静脉、锁骨下静脉等汇合而成。将心脏翻向前方，可见一条粗大的血管由肝脏的右叶前缘通向右心房，为后大静脉。身体后部的静脉包括：髂静脉（收集骨盆处的血液）、股静脉（收集后肢的血液）、肾门静脉（收集尾静脉、髂静脉的血液；退化，直接进入肾脏与股静脉相连，部分分支形成毛细血管）、尾肠系膜静脉（鸟类特有，尾静脉分支沿肠系膜前行，入肝门静脉）、肝门静脉（收集消化道等内脏血液，进入肝脏）、肝静脉（出肝，进入后大静脉）。回到左心房的为肺静脉。

观察结束后，取下心脏剖开，观察心脏结构及瓣膜，注意腔的大小、壁的薄厚。瓣膜包括：左房室间的二尖瓣，右房室间的肌肉瓣（鸟类特有），动脉基部的半月瓣。★这些瓣膜的功能是什么？

4）排泄系统

肾脏　紫褐色，左右成对，各分成 3 叶，贴附于体腔背壁。

输尿管　沿体腔腹面下行，通入泄殖腔。

泄殖腔　将泄殖腔剪开，可看到腔内具 2 横褶，将泄殖腔分为 3 室。前面较大的为粪道，有直肠的开口；中间为泄殖道，有输精管（输卵管）、输尿管的开口；最后为肛道。

5）生殖系统

（1）雄性。精巢（睾丸）1 对，位于肾的前叶腹侧，形似豆状（生殖季节发达，非生殖季节退化）。精巢内侧卷曲的细管即附睾，附睾下面为白色弯曲的输精管，与输尿管平行进入泄殖腔。

（2）雌性。右侧卵巢及输卵管退化，仅左侧和输卵管存在。★原因是什么？左侧卵巢紧贴肾脏前端，充满卵泡。输卵管前端借喇叭口通体腔；后方弯曲内壁富有腺体，可分泌蛋白质；经过短细的峡部，膨大为子宫，并形成卵壳；末端短而宽，开口于泄殖腔。

3. 家鸡（或鸽）骨骼系统的观察

1）头骨

鸟类头部的骨骼多由薄而轻的骨片组成，骨片间几乎无缝（仅于幼鸟时，尚可辨认出骨片的界限）。头骨的前部为颜面部；后部为顶枕部，后方腹面有枕骨大孔。头骨的两侧中央有大而深的眼眶。眼眶后方有小的耳孔。眼窝前方为极度前伸的上下颌骨，构成鸟类的取食器官——喙，不具牙齿。

2）脊柱

区分颈椎、胸椎、腰椎、荐椎和尾椎。除颈椎及尾椎外，椎骨有愈合现象，使其背部更为坚强而便于飞翔。颈椎的特点是彼此分离，其椎体呈马鞍状，活动性很强，使颈能向各方向活动。第 1、2 颈椎特化为寰椎与枢椎。

胸椎多已愈合，每一胸椎各具 1 对肋骨伸至胸骨。肋骨的背端部分具有钩状突。胸骨发达，有附着胸肌的龙骨突。胸椎（1 枚）、腰椎（5 或 6 枚）、荐椎（2 枚）、尾椎（5 枚）愈合成愈合荐骨。中间几枚尾椎游离，最后 4 枚尾椎骨愈合成尾综骨。

3）肩带及前肢

肩带　由肩胛骨、乌喙骨和锁骨组成。肩胛骨呈长的刀片状，位于胸廓上部。乌喙骨粗壮，远端与胸骨连接，在肩胛骨的腹方。锁骨细长，在乌喙骨之前，左右锁骨在腹端愈合成为“V”形叉状。

前肢骨　由肱骨、尺骨、桡骨、腕骨、腕掌骨、指骨组成，其中腕骨退化，仅剩 2 块，其余腕骨与掌骨愈合成腕掌骨，指骨退化，剩第 2、3、4 指。

4）腰带及后肢

腰带　构成腰带的髂骨、坐骨、耻骨相互愈合，与愈合荐骨的两侧相连。左右坐耻骨在腹中线不相连，构成开放式骨盘。

后肢　包括股骨、腓骨、胫跗骨、跗蹠骨、趾骨，其中腓骨退化成刺状，胫骨与相邻一排的跗骨愈合成胫跗骨。另一排跗骨与蹠骨愈合成跗蹠骨，胫跗骨与跗蹠骨之间的关节即跗间关节。

4. 家鸡（或鸽）神经系统的观察

对照家鸡（或鸽）的神经系统标本或模型，依次观察大脑、间脑、中脑、小脑、延脑、脑神经、脊髓和脊神经。

大脑　嗅叶退化；由左右大脑半球组成，表面光滑，内有侧脑室。

间脑　由丘脑上部、丘脑和丘脑下部及第三脑室组成；背面被大脑半球所掩盖。

中脑　背侧为1对发达的视叶。

小脑　特别发达，由中央蚓部和两侧的小脑卷构成。

延脑　与脊髓相连。

脑神经　12对，注意观察发出部位。

作业

1. 绘制正羽的基本结构图。
2. 根据原位观察结果，绘制家鸡（鸽）的内部解剖结构图，注明各器官名称。

思考题

总结鸟类适应飞翔生活的形态结构特征。

实验十六

鸟纲的分类

实验目的

1. 了解鸟纲的分类术语，进一步熟悉检索表的使用方法。
2. 了解鸟纲主要目的特征，认识常见、有经济意义的种类。

实验内容

1. 鸟纲分类术语的学习。
2. 利用检索表鉴定鸟类，根据具体情况，选择一些常见、具有经济价值的代表种类进行识别。

实验材料与用具

1. 材料：鸟类标本。
2. 用具：直尺，卡尺等。

实验操作与观察

1. 鸟类的测量及分类常用术语

1）常用鸟体测量（图 16-1）

体长　自喙端至尾端。

喙长（嘴峰长）　自喙基部生羽处至上喙先端的直线距离。

翼长　自翼角（腕关节）至最长飞羽先端的直线距离。

尾长　自尾羽基部至最长尾羽末端的直线距离。

跗蹠长　自跗间关节的中点至跗跖与中趾关节前面最下方的整片鳞的下缘。

体重　标本采集后称量的质量。

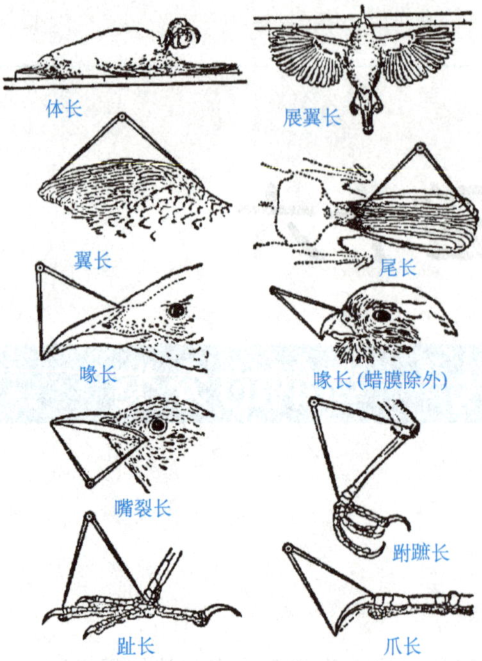

图 16-1　鸟体测量（郑作新，2002）

除此之外，根据情况，测量展翅长、嘴裂长、趾长、爪长等。

2）分类术语

（1）身体外部形态（图 16-2）。

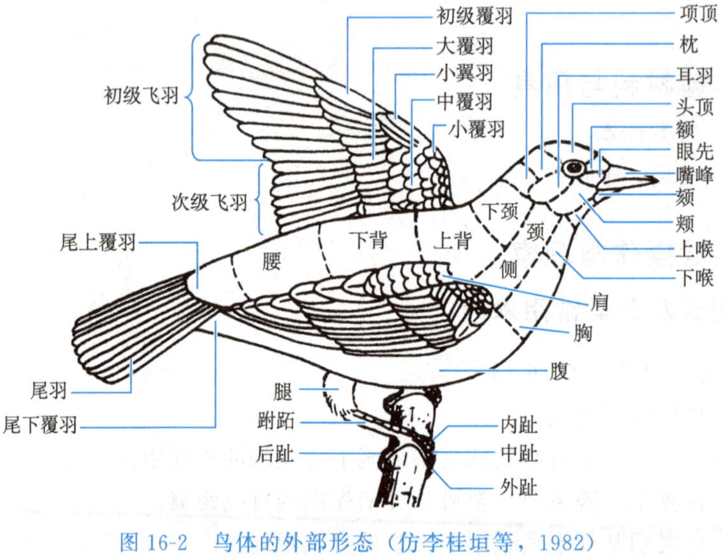

图 16-2　鸟体的外部形态（仿李桂垣等，1982）

（2）翼的类型分为 3 种（图 16-3）。

圆翼　　最外侧的初级飞羽比内侧的短。

尖翼　　最外侧的初级飞羽最长。

方翼　　最外侧的初级飞羽与内侧的几乎等长。

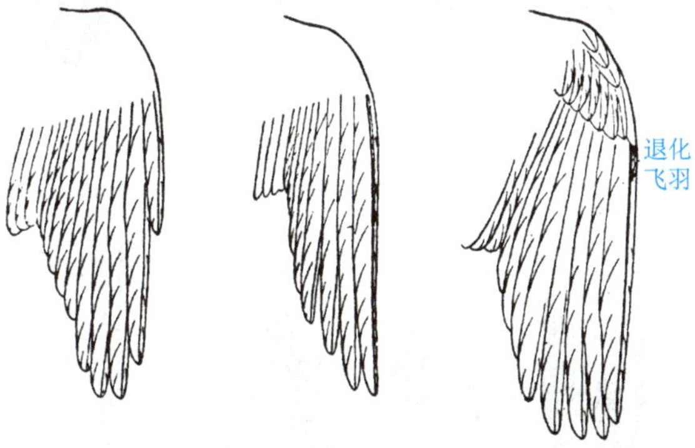

图 16-3　鸟类翼的类型（郑作新，2002）

（3）尾的类型分为 8 种（图 16-4）。

平尾　　各尾羽长短相等，尾末端平齐。

圆尾　　中央尾羽最长，往两侧尾羽依次变短，彼此相差不大，末端呈弧形。

楔尾　　中央尾羽最长，两侧依次变短，彼此相差很大，且各尾羽末端为尖形，使尾的末端呈楔状。

凸尾　　中央尾羽最长，两侧依次变短，彼此相差较大，末端呈凸状。

尖尾　　中央两枚尾羽末端极度延长，显著突出于其他尾羽之后。

凹尾　　两侧尾羽比中央尾羽稍长。

燕尾　　也称叉尾，中央尾羽最短，外侧尾羽依次显著延长，呈叉状。

铗尾　　中央尾羽最短，外侧尾羽依次显著延长，尤其是最外侧两枚尾羽末端变尖。

（4）喙的形状主要有以下 9 种。①钩曲状；②楔状；③圆锥状；④扁平宽阔，或具缺刻，或缺刻成栉状；⑤强直而端尖（如鹳），或强直而端具钩曲；⑥扁长先端呈勺状；⑦喙短基部宽阔；⑧上下喙彼此交叉；⑨喙长，或向下弯曲，或显著上翘。

（5）趾型分为 5 种类型（图 16-5）。

离趾型　　3 趾向前，1 趾向后。

对趾型　　第 1、第 4 趾向后，第 2、第 3 趾向前。

异趾型　　第 1、第 2 趾向后，第 3、第 4 趾向前。

并趾型　　向前三趾的基部有不同程度的愈合。

前趾型　　4 趾均向前。

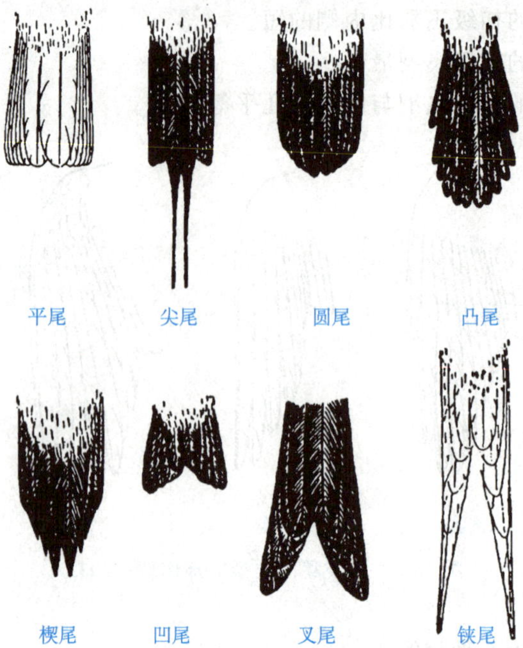

图 16-4　鸟类尾的类型（郑作新，2002）

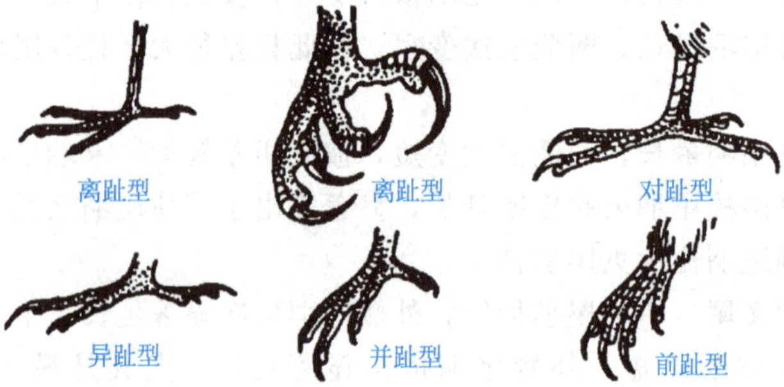

图 16-5　鸟类的趾型（郑作新，2002）

(6) 蹼足分为 5 种类型（图 16-6）。

蹼足　　前三趾间完全有蹼相连。

凹蹼足　　蹼的中部呈凹入状。

全蹼足　　3 趾间均有蹼相连。

瓣蹼足　　趾的两侧有叶状瓣膜。

半蹼足　　趾间微具蹼膜。

(7) 跗蹠部鳞片有网状鳞、盾状鳞、靴状鳞。

(8) 雏鸟分早成雏和晚成雏。

(9) 身体各部分羽毛的颜色。

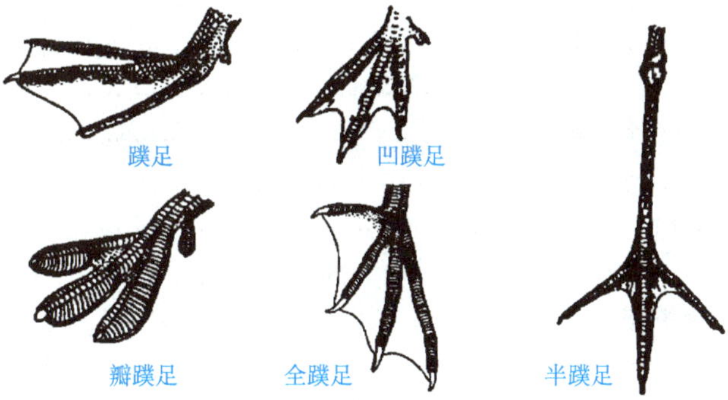

图 16-6　鸟类的蹼足（郑作新，2002）

（10）口腔顶部骨块的排列：腭型。

3）鸟类的主要生态类群

走禽　无龙骨突起，不能飞翔，善于奔跑。

游禽　趾间具蹼，善于游泳，尾脂腺发达。

涉禽　一般喙长，颈长，腿长，适于涉水。

陆禽　离趾型，陆地上取食，地栖或树栖，又可分为鹑鸡类和鸠鸽类。

猛禽　喙强锐而钩曲，脚强大有力，爪锐而钩曲，性凶悍。

攀禽　脚短健，对趾型、异趾型或并趾型，适于在树上攀援活动，很少在地面活动。

鸣禽　鸣肌发达，善于鸣叫，体多为中小型。

2. 我国鸟类分目检索

我国鸟类分目检索

1. 脚适于游泳，蹼发达 ………… 2
   脚适于步行，蹼不发达或缺 ………… 7
2. 鼻孔呈管状 ………… 鹱形目（Procellariiformes）
   鼻孔不呈管状 ………… 3
3. 全蹼足 ………… 鹈形目（Pelecaniformes）
   非全蹼足 ………… 4
4. 喙一般平扁，先端具喙甲；雄性具交配器 ………… 雁形目（Anseriformes）
   喙不平扁，先端无喙甲；雄性不具交配器 ………… 5
5. 翼尖长，尾羽发达 ………… 鸻形目（Charadriiformes）（鸥类）
   翼短，尖或圆，尾羽甚短 ………… 6

6. 具瓣蹼足 ………………………………………………………………… 鸊鷉目（Podicipediformes）
非瓣蹼足 ………………………………………………………………………… 潜鸟目（Gaviiformes）
7. 颈、腿均较长，胫的下部裸出 ……………………………………………………………………… 8
颈、腿均较短，胫全被羽 ……………………………………………………………………… 10
8. 后趾发达，4 趾在同一平面上；眼先裸出 ……………………………… 鹳形目（Ciconiiformes）
后趾不发达或缺失，存在时位置较前趾高；眼先被羽或裸出 ……………………………………… 9
9. 翼多短圆；第 1 枚初级飞羽短于第 2 枚；眼先被羽或裸出；趾间无蹼或具瓣蹼足 ……
…………………………………………………………………………… 鹤形目（Gruiformes）
翼尖，长或短；第 1 枚初级飞羽等于或长于第 2 枚；眼先被羽；趾间蹼不发达或缺 …
…………………………………………………………………… 鸻形目（Charadriiformes）
10. 喙和爪均强锐而弯曲；喙基具蜡膜 ……………………………………………………………… 11
喙和爪均平直或稍平直；喙基不具蜡膜（鸠鸽类除外） ………………………………… 13
11. 足对趾型；舌肉质较厚；尾脂腺被羽 ………………………………… 鹦形目（Psittaciformes）
足非对趾；舌正常；尾脂腺被羽或裸出 …………………………………………………………… 12
12. 蜡膜裸出；眼位于头侧；外趾不能反转（鹗科除外）；尾脂腺被羽 ……………………
…………………………………………………………………………… 隼形目（Falconiformes）
蜡膜被须掩盖；两眼向前；外趾能反转；脂腺裸出 ………………… 鸮形目（Strigiformes）
13. 足 3 趾向前，1 趾向后，彼此分离（少数除外） ……………………………………………… 19
足不具上述特征 ……………………………………………………………………………………… 14
14. 足多为前趾型；喙短阔而平扁；无嘴须 ………………………………… 雨燕目（Apodiformes）
足非前趾型；喙一般强而不平扁（夜鹰目除外）；一般具嘴须 ……………………………… 15
15. 足异趾型 ………………………………………………………………… 咬鹃目（Trogoniformes）
足非异趾型 …………………………………………………………………………………………… 16
16. 足对趾型 …………………………………………………………………………………………… 17
足非对趾型 …………………………………………………………………………………………… 18
17. 喙强直呈凿状；尾呈楔形，羽轴坚硬，有弹性 ……………………… 䴕形目（Piciformes）
喙稍弯曲，不呈凿状；尾羽正常 …………………………………………… 鹃形目（Cuculiformes）
18. 喙长，或强直，或细而稍曲，或具盔突；中趾爪不具栉缘 …… 佛法僧目（Coraciiformes）
喙短阔；中趾爪具栉缘 ………………………………………………… 夜鹰目（Caprimulgiformes）
19. 喙基部有皮肤形成的蜡膜；上喙先端膨大具坚硬角质（沙鸡除外） ……………………
…………………………………………………………………………… 鸽形目（Columbiformes）
喙基部无蜡膜；喙全部被硬性角质 ……………………………………………………………… 20
20. 后趾爪短于其他趾的爪；雄性常具距 ………………………………… 鸡形目（Galliformes）
后趾爪长于其他趾的爪；雄性无距 …………………………………… 雀形目（Passeriformes）

3. 物种观察

根据实际情况，选择一些代表种类、有重要经济价值种类及珍稀濒危种类进行观察，鉴定所属目及科，记录所观察鸟类种的鉴别特征。并结合参观自然博物馆和动物园，认识更多的种类。实验室观察一般以 40～60 种为宜，观察物种尽量包括以下各目。

平胸总目 (Ratitae)　走禽；翼退化；胸骨扁平无龙骨突起；羽毛均匀分布；羽毛不发达，羽枝上无小钩，不形成羽片；后肢强大，多数种类趾数减少；雄性具有交配器。

非洲鸵鸟（*Struthio camelus*）　为现存最大的鸟，体高可达 2.75m，体重 135kg；2 趾。

鸸鹋（*Dromaius novaehollandiae*）　体高 150～185cm，体重 30～45kg；3 趾；副羽发达。

企鹅总目 (Impennes)　前肢鳍状；羽毛鳞片状，均匀分布于体表；尾短；后肢短，靠近身体后方；趾间具蹼；胸骨具有发达的龙骨突起；皮下脂肪发达，如皇企鹅（*Aptenodytes forsteri*）等。

䴙䴘目 (Podicipediformes)　游禽；喙细直而尖；腿短，位于身体的后部；跗跖侧扁，具瓣状蹼；尾短，由绒羽构成；早成雏。

小䴙䴘（*Tachybaptus ruficollis*）　夏羽颊、颈侧、前颈红栗色，冬羽棕褐色；尾短不显。

凤头䴙䴘（*Podiceps cristatus*）　嘴角至眼具黑线；具羽冠。

鹈形目 (Pelecaniformes)　大、中型游禽；4 趾均向前，具全蹼；喙长末端具钩，多具喉囊；眼先和围眼裸出；晚成雏。

鹈形目分科检索表

1. 趾间蹼深凹；叉尾 …………………… 军舰鸟科（Fregatidae）
　趾间蹼不深凹；圆尾或楔尾 …………………… 2
2. 中央尾羽特别延长 …………………… 鹲科（Phaethontidae）
　中央尾羽不延长 …………………… 3
3. 体型大；喙平扁；喉囊大，伸达喙端 …………………… 鹈鹕科（Pelecanidae）
　体型中等；喙侧扁；喉囊小，仅至喙基部 …………………… 4
4. 喙细长，喙端多具钩；外鼻孔小 …………………… 鸬鹚科（Phalacrocoracidae）
　喙粗厚稍呈锥状，喙端不具钩；无外鼻孔 …………………… 鲣鸟科（Sulidae）

斑嘴鹈鹕（*Pelecanus philippensis*）　喙肉色，上喙具蓝色斑点；喉囊发达；枕、后颈具蓬松长羽；上体淡银灰色；下体白色。

鸬鹚（*Phalacrocorax carbo*）　体黑色；头颈具紫绿色光泽；嘴角、喉囊黄绿色。

鹳形目 (Ciconiiformes)　涉禽；喙、颈、腿均长，4 趾在同一平面；眼先和围眼大多裸出；胫下部裸出；晚成雏。

鹳形目分科检索表

1. 中趾爪内侧具栉缘 …………………………………………………… 鹭科（Ardeidae）
   中趾爪内侧不具栉缘 ……………………………………………………………… 2
2. 喙粗厚而侧扁；不具鼻沟 …………………………………………… 鹳科（Ciconiidae）
   喙呈匙状，或筒状向下弯曲；鼻沟几乎至喙端 ………………… 鹮科（Threskiornithidae）

苍鹭（*Ardea cinerea*）　上体灰色，头、颈及下体白色；头顶有2条黑色羽冠；前颈有2或3列黑斑。

大白鹭（*Egretta alba*）　全身白色；嘴黑色，眼先蓝绿色；口角黑线超过眼后；跗跖及趾黑色。

黑鹳（*Ciconia nigra*）　上体黑色，下体白色；嘴、脚红色。

东方白鹳（*C. boyciana*）　喙黑色；脚红色；全身飞羽黑色，其余白色。

白琵鹭（*Platalea leucorodia*）　喙长直上下平扁，黑色，先端呈匙状，黄色；全身白色；枕部具羽冠。

雁形目（Anseriformes）　游禽；喙端具“嘴甲”；前三趾间具蹼，后趾退化，位置高；尾脂腺发达；体羽多雌雄异色；雄鸟具有交配器；早成雏。

大天鹅（*Cygnus cygnus*）　全身白色；喙基黄斑延伸至鼻孔下方，喙端黑色。

小天鹅（*C. columbianus*）　全身白色；喙基黄斑不伸至鼻孔下方，喙端黑斑大。

鸿雁（*Anser cygnoides*）　喙黑色；体浅灰褐色；头顶至后颈暗棕褐色，前颈近白色。

绿头鸭（*Anas platyrhynchos*）　雄性头颈灰绿色，颈部有白色领环。

斑嘴鸭（*A. poecilorhyncha*）　上喙黑色，先端具黄斑；脸至颈侧、眼先、眉纹、颏、喉淡黄白色。

赤麻鸭（*Tadorna ferruginea*）　全身赤黄褐色，翼上具明显的白斑和铜绿色翼镜。

鸳鸯（*Aix galericulata*）　雄性喙红色；具艳丽羽冠；眼后眉纹白色而宽阔；翼具栗黄色扇状直立羽。

凤头潜鸭（*Aythya fuligula*）　雄性腹、胁、翼镜白色，其余黑色；头顶具黑色羽冠。

隼形目（Falconiformes）　猛禽；上喙尖锐钩曲，下喙较短，喙基部具蜡膜；脚强壮有力，具锐利钩爪；翼发达，飞翔能力强；晚成雏。

隼形目分科检索表

1. 后趾能反转；趾底多刺突；无副羽 ………………………………… 鹗科（Pandionidae）
   后趾不能反转（渔鹏属除外）；趾底无刺突；有副羽 ………………………………… 2
2. 上喙两侧具单个齿突 ……………………………………………… 隼科（Falconidae）
   上喙两侧无齿突或具双齿突 ………………………………………… 鹰科（Accipitridae）

金鹏（*Aquila chrysaetos*）　大型猛禽；后头、枕部及后颈羽毛尖锐，金黄色，披针状；尾长而圆，具黑色横斑和端斑；跗跖被羽。

雀鹰（*Accipiter nisus*）　小型猛禽；雄性下体具细密的红褐色横斑，雌性为褐色横斑；尾具 4 或 5 条黑褐色横斑。

苍鹰（*A. gentilis*）　中型猛禽；上体深苍灰色，后颈有白色细纹；下体污白色，颏、喉、前颈具黑褐色细纵纹，胸腹布满灰褐色细横斑；尾方形，有 4 条黑色横带；眉纹灰白色。

黑鸢（*Milvus migrans*）　中型猛禽；尾长呈叉状，具等宽的黑、褐色相间排列的横斑，翼下有白斑。

大鵟（*Buteo hemilasius*）　大型猛禽；体色变化大，尾具 3～11 条暗色横斑；跗跖前面被羽。

秃鹫（*Aegypius monachus*）　大型猛禽；体黑褐色；头裸出，仅被黑褐色短绒羽，后颈完全裸出，无羽；颈基部被长黑色或褐白色的皱翎。

红脚隼（*Falco amurensis*）　小型猛禽；雄性通体暗石板灰黑色，翼和尾灰色，无横斑，尾下覆羽和腿羽橙棕栗色，眼周、蜡膜和脚红色；雌性上体暗灰色，具黑色横斑，眼下有黑斑，颏、喉、颈侧及下体乳白色，胸具黑褐色纵纹，腹具黑褐色横斑。

红隼（*F. tinnunculus*）　小型猛禽；脚、趾黄色，爪黑色；雄性头蓝灰色；背及翼上覆羽砖红色，有三角形黑斑；腰、尾上覆羽、尾羽蓝灰色，尾具宽阔黑色次端斑和白色端斑；眼下具垂直的黑色口角髭纹；颏、喉棕白色，下体棕黄色，具黑褐色纵纹及斑点；雌性头至尾棕红色，具黑褐色纵纹及横斑；下体乳黄色，除喉外均具黑褐色纵纹和斑点。

游隼（*F. peregrinus*）　中型猛禽；眼周黄色，颊有一垂直向下的黑色髭纹；头至后颈灰黑色，上体蓝灰色，尾具黑色横带；下体白色，上胸有黑色细斑，下胸至尾下覆羽密被黑色横斑。

鸡形目（Galliformes）　喙短略拱曲；翼短而圆；尾羽 12～20 枚；后肢健壮，爪钝；雄性在跗跖部后缘有距；雌雄异色；早成雏。

鸡形目分科检索表

鼻孔被羽掩盖；跗跖完全或局部被羽；趾两侧具栉缘或被羽 ………… 松鸡科（Tetraonidae）
鼻孔不被羽掩盖；跗跖多不被羽；趾裸出，不具栉缘 …………………… 雉科（Phasianidae）

黑琴鸡（*Lyrurus tetrix*）　雄性全身黑色；翼上具白色翼镜；尾深叉状，外侧尾羽长向外弯曲；尾下覆羽白色；雌性大多棕褐色具黑褐色横斑，翼上白色翼镜不如雄性显著。

花尾榛鸡（*Bonasa bonasia*）　雄性头具短羽冠；上体多棕灰色具栗褐色横斑，颏、喉黑色，下体暗褐色杂以白色，外侧尾羽花瓣状，具宽阔黑褐色次端斑；雌性颏、喉棕白色。

褐马鸡（*Crossoptilon mantchuricum*）　体羽多浓褐色，头、颈辉黑色；头侧裸露，赤红色；颏、颊、耳羽簇白色；中央尾羽长，翘于其他尾羽之上；喙淡红色；脚珊瑚红色。

蓝马鸡（*C. auritum*） 通体蓝灰色，羽毛披散如发；头侧裸露，绯红色；耳羽簇白色；腰、尾羽基部白色；尾羽翘起，羽枝分散下垂；喙粉红色；脚珊瑚红色。

原鸡（*Gallus gallus*） 雄性肉冠和肉垂均为砖红色；上体多红色；后颈和上背具金红色矛状长羽，尾黑色，中央一对尾羽长，呈镰刀状；下体黑褐色。雌性上体黑褐色，胸部棕色。

白鹇（*Lophura nycthemera*） 雄性上体白色，密布黑纹；头上具蓝黑色的羽冠，披于头后；脸裸露，赤红色；尾长，白色；翼白色，下体蓝黑色；脚红色。雌性通体橄榄褐色，羽冠近黑色。

勺鸡（*Pucrasia macrolopha*） 雄性头金属暗绿色，具棕褐色和黑色长形冠羽；颈侧有白斑；上体羽灰色，披针形，具黑色纵纹；中央尾羽长；下体深栗色。雌性棕褐色；具羽冠。

白冠长尾雉（*Syrmaticus reevesii*） 雄性头顶、颈白色，头顶有黑色环带；上体多金黄色；下体深栗色杂以白色；尾特长，具黑色和栗色并列的横斑。雌性上体黄褐色，背部具黑色机白色斑；下体浅棕栗色，尾较短。

红腹锦鸡（*Chrysolophus pictus*） 雄性头具金黄色丝状羽冠；上背浓绿色，其余金黄色；后颈有橙棕色缀黑边的扇状羽；下体深红色；尾羽黑褐色，具黄色斑点。雌性头顶、后颈黑褐色，其余棕黄色，缀黄褐色虫蠹状斑和横斑。

雉鸡（*Phasianus colchicus*） 雄性颈部多金属绿色，具白色项圈；脸裸出，红色；头两侧具耳羽簇，尾羽长具横斑，中央尾羽最长。雌性多褐色和棕黄色，杂以黑斑；尾短。

石鸡（*Alectoris chukar*） 头至上背、肩、翼上覆羽灰色，缀葡萄粉红色；下背至尾上覆羽棕灰色，缀橄榄色；颏、喉、颊黄白色；围绕头侧和喉部有一宽阔的黑色项圈，肋有黑色和栗色并列的横斑。

日本鹌鹑（*Coturnix japonica*） 翼长而尖，尾短；背面黑褐色，杂浅黄色羽干纹；下体灰白色；颏、喉赤褐色。

鹤形目（Gruiformes） 颈、脚一般较长，胫部常裸露；具有 4 趾或 3 趾，后趾存在时退化且位置较高；早成雏。

鹤形目分科检索表

1. 足具 3 趾 ………………………………………… 2
   足具 4 趾 ………………………………………… 3
2. 体型大，翼长超过 200mm；尾羽 16～18 枚 ………………… 鸨科（Otidae）
   体型小，翼长短于 100mm；尾羽 12 枚 ………………… 三趾鹑科（Turnicidae）
3. 头顶被羽；后趾几乎与前趾平置 ………………… 秧鸡科（Rallidae）
   头顶有裸露；后趾位置高于前趾 ………………… 鹤科（Gruidae）

丹顶鹤（*Grus japonensis*）　体羽多白色；头顶裸露，朱红色；额、眼先、颊、喉、颈黑色；眼后方耳羽至枕白色；次级飞羽和三级飞羽黑色；脚黑色。

灰鹤（*G. grus*）　体羽大都灰色；头顶裸出，鲜红色；眼后至颈侧具灰白色纵带；脚黑色。

白枕鹤（*G. vipio*）　脸红色；体羽多暗灰色；头、枕、颈白色；颈侧有暗灰色条纹；初级飞羽和次级飞羽黑色，翼上覆羽淡白色；脚红色。

蓑羽鹤（*Anthropoides virgo*）　体羽蓝灰色；眼先、头侧、喉、前颈黑色；眼后有白色耳簇羽；前颈黑羽延长呈蓑状；脚黑色。

黑水鸡（*Gallinula chloropus*）　体羽黑褐色；喙黄色，喙基与额甲红色；胁部具白色纵纹；脚黄绿色，胫上部具红色环带。

骨顶鸡（*Fulica atra*）　体羽黑色；喙和额部白色；次级飞羽具白色羽端；脚绿色，具瓣状蹼。

大鸨（*Otis tarda*）　头、颈灰色，上体其余淡棕色，具黑色细横斑；下体灰白色；雄鸟颊部有白色羽簇；后颈基部至胸侧有栗棕色横带；翼上覆羽，白色。

鸻形目（Charadriiformes）　腿长，胫下部裸露；后趾退化，存在时位置较高；翅尖长、尾短，善于飞翔；早成雏。

鸻形目分科检索表

1. 脚适于步行，蹼不发达或缺 …… 2
   脚适于游泳，蹼发达 …… 10
2. 鼻骨全鼻型；跗蹠前后缘均被网状鳞 …… 石鸻科（Burhinidae）
   鼻骨裂鼻型；跗蹠被网状鳞或盾状鳞 …… 3
3. 鼻孔卵圆形，无鼻沟；喙宽阔；中趾爪具栉缘 …… 燕鸻科（Glareolidae）
   鼻孔直裂，有鼻沟；喙细狭；中趾爪不具栉缘 …… 4
4. 脚趾均特别延长；后爪大于后趾 …… 雉鸻科（Jacanidae）
   脚趾正常；后爪短于后趾 …… 5
5. 瓣蹼足 …… 瓣蹼鹬科（Phalaropodidae）
   非瓣蹼足 …… 6
6. 跗蹠后缘具盾状鳞（个别除外），前缘亦被盾状鳞 …… 7
   跗蹠后缘具网状鳞，前缘亦常具网状鳞 …… 8
7. 鼻沟不超过上喙的一半，喙近先端突向下曲 …… 彩鹬科（Rostratulidae）
   鼻沟超过上喙的一半，喙直，或徐向下曲，或微向上曲 …… 鹬科（Scolopacidae）
8. 喙端具隆起 …… 鸻科（Charadriidae）
   喙端不具隆起 …… 9
9. 跗蹠长于中趾（连爪）数倍 …… 反嘴鹬科（Recurvirostridae）
   跗蹠稍长于中趾（连爪） …… 砺鹬科（Haematopodidae）
10. 尾羽短；无后趾 …… 海雀科（Alcidae）
    尾羽正常；有后趾 …… 11

11. 喙具蜡膜 …………………………………………………………… 贼鸥科（Stercorariidae）
喙无蜡膜 ……………………………………………………………………………… 12
12. 喙侧扁；下喙不长于上喙 ……………………………………………………………… 13
喙非侧扁；下喙长于上喙或几乎等长 ……………………………… 剪嘴鸥科（Rhynchopidae）
13. 上喙长于下喙，先端呈沟状；方形尾或楔形尾 ……………………………… 鸥科（Laridae）
上下喙几等长喙，喙直而尖；叉形尾 ………………………………………… 燕鸥科（Sternidae）

凤头麦鸡（*Vanellus vanellus*）　头顶具黑色羽冠；上体暗绿色，下体白色；胸有宽阔的黑色环带，颏、喉黑色与黑色胸部环带相连；颈侧有白斑；喙黑色；脚肉红色。

剑鸻（*Charadrius placidus*）　上体灰褐色，下体白色；颈具白、黑两道颈环；百环与喉白色相连；额白色，头顶前部黑色，眼后具白色眉纹。

金眶鸻（*C. dubius*）　上体沙褐色；眼周金黄色；额具白色窄横带和黑色宽横带；贯眼纹黑色；后颈具宽阔的白色领环和窄黑色领环。

白腰草鹬（*Tringa ochropus*）　上体灰褐色，具白色斑点；腰、尾白色；下体白色；胸具褐色纵纹；眉纹白色位于眼先，与白色眼周相连。

红脚鹬（*T. totanus*）　上体锈褐色，具黑褐色羽干纹；下体白色；颊至胸具黑褐色纵纹；肋具黑褐色横斑；脚橙红色。

扇尾沙锥（*Gallinago gallinago*）　上体黑褐色；中央冠纹乳黄色，侧冠纹黑褐色，眉纹乳黄色，贯眼纹黑褐色；背、肩羽缘乳黄色，形成4条纵带，尾具宽阔的棕色亚端斑和窄的白色端斑；喙粗长而直。

普通燕鸻（*Glareola maldivarum*）　喙短，基部较宽；翼尖长；尾黑色，深叉状；腰白色；喉乳黄色。

银鸥（*Larus argentatus*）　喙黄色，下喙端具红斑；头、颈及下体白色，肩、背淡灰色；腰、尾上覆羽、尾白色；脚粉红色。

红嘴鸥（*L. ridibundus*）　夏羽头、颈上部咖啡褐色，背、肩灰色，外侧初级飞羽上面白色，具黑色尖端，下面黑色；眼周白色；其余体羽白色；喙红色。冬羽头白色，眼后具褐色斑，喙红色，先端黑色。

普通燕鸥（*Sterna hirundo*）　翼长，狭而尖；尾深叉状；夏羽头顶至枕部黑色，背蓝灰色，下体白色；冬羽前额、颊、颈侧、下体白色，头顶前部白色，具黑色斑点，头顶后部、枕黑色。

鸽形目（Columbiformes）　喙短细弱，上喙基部多柔软具蜡膜；腿短，脚强健，具钝爪；翅长而尖，飞行迅速；早成雏（沙鸡）或晚成雏（鸠鸽）。也有将沙鸡科列为沙鸡目。

鸽形目分科检索表

喙基柔软；翼端非尖形；后趾存在 ……………………………………… 鸠鸽科（Columbidae）
喙基非柔软；翼端尖形；后趾退化或缺失 ………………………………… 沙鸡科（Pteroclidae）

毛腿沙鸡（*Syrrhaptes paradoxus*）　头部锈黄色；体羽沙灰色；背具黑色横斑；腹部具黑斑；翼尖长；尾尖而特长，脚短，跗蹠及趾被羽。

岩鸽（*Columba rupestris*）　与家鸽相似，不同为近尾端具宽阔色白色横带。

山斑鸠（*Streptopelia orientalis*）　颈基两侧具黑色和蓝灰色颈斑。

珠颈斑鸠（*S. chinensis*）　后颈具宽阔的黑色领斑，其上布满白色细小斑点。

鹃形目（Cuculiformes）　攀禽。喙纤细先端微下弯；翼圆；尾较长，多为凸尾；跗蹠短弱；晚成雏。

大杜鹃（*Cuculus canorus*）　上体暗灰色；下体具细密黑褐色横斑。

四声杜鹃（*C. micropterus*）　上体浓褐色，下体具宽黑褐色横斑。

鸮形目（Strigiformes）　多具面盘；头形宽大；眼大而圆，位置向前；喙强健而钩曲，喙基具蜡膜；脚强壮有利，外趾能反转，爪锐利；跗蹠常被羽，体羽柔软；耳孔大；晚成雏。

鸮形目分科检索表

面盘完整，呈心脏形；中趾爪内侧具栉缘；凹形尾 ························ 草鸮科（Tytonidae）

面盘或有或无，有时几呈圆形；中趾爪无栉缘；尾端稍圆 ···················· 鸱鸮科（Strigidae）

草鸮（*Tyto capensis*）　面盘心脏形，辉棕色；上体褐色，具黄色斑纹；尾具4条黑色横斑。

雕鸮（*Bubo bubo*）　耳羽长而显著；体羽黄褐色，具黑色斑点和纵纹；喉白色；胸、肋具浅黑色纵纹，腹具黑色细横斑。

长耳鸮（*Asio otus*）　面盘显著；耳簇羽长，直立；皱领完整；上体棕黄色，具黑褐色羽干纹；颏白色，下体棕白色，具黑褐色羽干纹，眼橙红色。

短耳鸮（*A. flammeus*）　耳簇羽短而不明显；上体棕黄色，具黑色和皮黄色斑点及条纹；下体棕黄色，具黑色羽干纹。

红角鸮（*Otus scops*）　面盘灰褐色，周围具棕褐色和黑色皱领，耳簇羽显著；体灰色或棕栗色。

纵纹腹小鸮（*Athene noctus*）　面盘和皱领不明显，无耳簇羽；上体沙褐色或灰褐色，缀有白色斑点；下体棕白色，具褐色纵纹。

斑头鸺鹠（*Glaucidium cuculoides*）　面盘不显著；无耳簇羽；体褐色，具细白色横斑；腹白色，下腹和泄殖腔周围具宽阔的褐色纵纹；喉有白色斑。

夜鹰目（Caprimulgiformes）　攀禽；喙短，基部宽阔，口裂大，口须发达；腿短，跗蹠细弱，中趾爪内侧具栉缘；晚成雏。

普通夜鹰（*Caprimulgus indicus*）　喙短，嘴裂宽阔；上体灰褐色，密布黑褐色和灰白色虫蠹斑；颏、喉黑褐色，下喉具白斑。

佛法僧目（Coraciiformes）　攀禽。喙长而粗壮，或细弱；鼻孔位于喙基；并趾型；跗蹠短，前缘被盾状鳞，厚缘被网状鳞。也有将戴胜科和犀鸟科列为戴胜目和犀鸟目。

佛法僧目分科检索

1. 喙粗厚而直 …… 2
   喙细长而下曲 …… 4
2. 喙上具盔突 …… 犀鸟科（Bucerotidae）
   喙无盔突 …… 3
3. 喙短；翼长圆；初级飞羽10枚；尾脂腺裸出 …… 佛法僧科（Coraciidae）
   喙长；翼短圆；初级飞羽11枚；尾脂腺被羽 …… 翠鸟科（Alcedinidae）
4. 具羽冠；尾脂腺被羽；尾羽10枚；后爪长于中爪 …… 戴胜科（Upupidae）
   无羽冠；尾脂腺裸出；尾羽12枚；后爪短于中爪 …… 蜂虎科（Meropidae）

普通翠鸟（*Alcedo atthis*）　头至后颈黑绿色，密布翠蓝色细横斑；耳覆羽棕色；耳后具白斑；上体辉翠蓝色；尾短小；颏、喉白色，胸辉棕色，腹至尾上覆羽红棕色或棕栗色。

蓝翡翠（*Halcyon pileata*）　头顶白色；颈具白色领环；上体紫蓝色；颏、喉白色，下体棕黄色；喙、脚红色。

三宝鸟（*Eurystomus orientalis*）　体羽蓝绿色；头、翼黑褐色；初级飞羽基部具蓝色斑；喙、脚红色。

戴胜（*Upupa epops*）　喙细长弯曲；具扇状羽冠，沙粉红色，有黑色端斑和白色次端斑；翼具黑白相间的横斑。

䴕形目（Piciformes）　攀禽。喙粗壮似凿；舌长尖端具倒钩；足对趾型，爪锐利；尾楔形，羽轴坚硬；晚成雏。

灰头绿啄木鸟（*Picus canus*）　雄性额基灰色，头顶红色，雌性头顶黑色，后顶和枕灰色；背灰绿色至橄榄绿色；飞羽黑色，具白色横斑。

大斑啄木鸟（*Dendrocopos major*）　上体黑色，额、颊、耳羽白色；肩、翼具白斑；尾黑色，外侧尾羽和飞羽具黑白相间的横纹；下体污白色，下腹和尾下覆羽红色；雄性枕部红色。

雀形目（Passeriformes）　种类繁多，鸣禽。鸣管结构和鸣肌复杂；足较细弱，离趾型，后趾发达，后爪较粗壮；晚成雏。我国有40余科700余种，选择一些常见的种类观察。

蒙古百灵（*Melanocorypha mongolica*）　百灵科（Alaudidae）；头顶具栗色环；颊部皮黄色，有2条白色眉纹在枕部相连；颊纹栗色，延伸至后颈；颏、喉、颈白色。

家燕（*Hirundo rustica*）　燕科（Hirundinidae）；喙短宽扁，基部宽大，上喙近先端有缺刻；翅狭长而尖，尾呈叉状；上体发蓝黑色，具金属光泽；腹面白色。

白鹡鸰（*Motacilla alba*）　鹡鸰科（Motacillidae）；头顶前部和脸白色，头顶后部、枕和后颈黑色；背、肩、飞羽黑色；翅上小覆羽黑色，中覆羽、大覆羽白色或尖端白色；尾长黑色，最外两对尾羽主要为白色；颏、喉白色或黑色，胸黑色，其余下体白色。

白头鹎（*Pycnonotus sinensis*）　鹎科（Pycnonotidae）；额至头顶黑色，两眼上方至后枕白色；耳羽后部有白斑；上体灰褐或橄榄灰色具黄绿色羽缘；颏、喉白色；胸灰褐色；腹白色具黄绿色纵纹。

太平鸟（*Bombycilla garrulus*）　太平鸟科（Bombycillidae）；体羽呈葡萄灰褐色；头部栗褐色，头顶具羽冠；贯眼纹黑色，从喙基经眼至后枕；颏、喉黑色。翅具白色翼斑；尾具黑色次端斑和黄色端斑。

红尾伯劳（*Lanius cristatus*）　伯劳科（Laniidae）；上体棕褐或灰褐色；两翅黑褐色；头顶灰色或红棕色，眉纹白色，贯眼纹黑色；尾上覆羽红棕色，尾楔形，尾羽棕褐色；颏、喉白色，下体棕白色。

黑枕黄鹂（*Oriolus chinensis*）　黄鹂科（Oriolidae）；雄性头和上下体羽大都金黄色；额基、眼先黑色向后枕延伸，在后枕相连形成黑色宽带；翅、尾黑色，除中央一对尾羽外，其余尾羽均具宽阔的黄色端斑；雌性羽色较暗淡，背面呈绿色或黄绿色。

黑卷尾（*Dicrurus macrocercus*）　卷尾科（Dicruridae）；体羽黑色，上体、胸部及尾羽具辉蓝色光泽；尾长深凹形，最外侧一对尾羽向外上方卷曲。

灰椋鸟（*Sturnus cineraceus*）　椋鸟科（Sturnidae）；头顶至后颈黑色，额和头顶杂有白色，颊和耳羽白色微杂黑色纵纹；上体灰褐色，尾上覆羽白色；喙橙红色，尖端黑色，脚橙黄色。

八哥（*Acridotheres cristatellus*）　椋鸟科；体羽黑色；额羽延长而竖立；头顶、颊、枕和耳羽具绿色金属光泽；初级飞羽基部和初级覆羽先端白色；尾羽黑色，除中央尾羽外，均具白端。

喜鹊（*Pica pica*）　鸦科（Corvidae）；头、颈、背至尾黑色，具金属光泽；肩、腹部为白色；尾长，呈楔形；腹面颏至胸黑色，其余白色。

灰喜鹊（*Cyanopica cyana*）　鸦科；喙、脚黑色；额至后颈黑色，背灰色；翼和尾灰蓝色，初级飞羽外翈端部白色；尾长，具白色端斑；下体灰白色。

秃鼻乌鸦（*Corvus frugilegus*）　鸦科；体羽黑色；喙基裸露，皮肤灰白色；喙、脚黑色。

北红尾鸲（*Phoenicurus auroreus*）　鸫科（Turdidae）；雄鸟眼先、头侧、喉、上背及翼黑褐色，翼上有白斑；头顶、枕部暗灰色；身体余部棕色；雌鸟除棕色尾羽及白色翼斑外，其余部分灰褐色。

红点颏（*Luscinia calliope*）　鸫科；上体褐色，眉纹和颊纹白色；尾褐色；颏和喉红色；肋及腹部皮黄；雌鸟胸带近褐色，头部具黑白色条纹；喙深褐色，脚粉褐色。

画眉（*Garrulax canorus*）　画眉科（Timaliidae）；上体橄榄褐色，头顶至上背棕褐色具黑色纵纹，眼圈白色，眉纹白色向后延伸至枕侧；下体棕黄色，喉至上胸杂有黑色纵纹。

红嘴相思鸟（*Leiothrix lutea*）　画眉科；喙赤红色；上体暗灰绿色；眼先、眼周淡黄色，翼具黄色和红色翅斑；尾叉状，黑色；颏、喉黄色；胸橙黄色。

寿带鸟（*Terpsiphone paradisi*）　王鹟科（Muscicapidae）；头闪辉黑色，冠羽

显著。雄性中央尾羽特别延长；雌性尾羽长度约为雄鸟的一半。有两种色型，栗色型背部栗红色，胸部及腹部灰白色，尾羽栗红色；白色型胸、背及尾均呈白色，并杂以黑色羽干纹。

大山雀（*Parus major*）　山雀科（Paridae）；头、喉黑色，颊具椭圆形白斑；翼上有一道白色条纹；头部黑色在喉部汇聚成一道黑色带沿胸中央延伸到尾下覆羽；胸腹部淡黄绿色。

树麻雀（*Passer montanus*）　雀科（Passeridae）；额、头顶至后颈栗褐色，头侧白色，耳部有一黑斑；背沙褐或棕褐色具黑色纵纹；颏、喉黑色，其余下体污灰白色，微沾褐色。

燕雀（*Fringilla montifringilla*）　燕雀科（Fringillidae）；雄性头至背辉黑色，背具黄褐色羽缘；腰白色；颏、喉、胸橙黄色；腹至尾下覆羽白色，肋淡棕色具黑色斑点；翼和尾黑色，翼上具白斑；雌鸟体色较浅淡；喙黄色，尖黑色；脚粉褐色。

金翅雀（*Carduelis sinica*）　燕雀科；雄性背部褐色，腰金黄色，尾羽黑色；翼黑色点缀金黄色斑；腹部灰黄色；雌性的黄色部分较雄鸟淡。

小鹀（*Emberiza pusilla*）　鹀科（Emberizidae）；雄性头部夏羽赤栗色；头侧线和耳羽后缘黑色；上体大致沙褐色，背部具暗褐色纵纹；下体偏白，胸及肋具黑色纵纹；外侧尾羽有较多的白色；雌性及雄性冬羽较淡，无黑色头侧线。

黄胸鹀（*E. aureola*）　鹀科；下体鲜黄色，胸有一深栗色横带。

作业

1. 总结鹳形目、雁形目、隼形目、鸡形目、鹤形目、鸻形目、鸮形目、佛法僧目、雀形目的主要特征。

2. 编写所观察到的鹳形目、雁形目、隼形目、鹤形目的物种检索表。

思考题

不同类群鸟类的特征与栖息环境之间有何适应关系？

实验十七

家兔的外形和内部解剖

实验目的

1. 通过对家兔的观察和解剖，了解哺乳动物的外形和内脏各器官、系统结构特点，进而了解哺乳类的主要特征。

2. 掌握哺乳类的解剖方法。

实验内容

1. 家兔的外形观察与内部解剖。

2. 家兔骨骼系统的观察（头骨结构，可对比某些食肉兽类头骨进行观察）。

3. 家兔神经系统的观察（示范）。

实验材料与用具

1. 材料：①活家兔；②家兔整体骨骼标本、兔头骨和某些食肉兽类头骨等；③家兔的神经系统标本或模型。

2. 用具：解剖器，解剖盘，骨剪，10ml 注射器及针头，棉花，棉线，止血钳。

实验操作与观察

1. 外部形态的观察

家兔身体可分为头、颈、躯干、尾和四肢等部分。除鼻端、掌、足、指（趾）的腹面外，其余全身被毛。★毛分为几种？各有什么功能？

1）头部

较大，呈长圆形。着生有眼、耳、鼻、口等器官。眼以前为颜面区，眼以后为头颅区。鼻的先端有一肉质的吻。1 对外鼻孔开口于吻端斜侧。鼻下为口，口周由肉质的上、下唇组成，上唇中央有一明显的纵裂。眼具活动的上、下眼睑和退化的瞬膜。耳着生于眼后的头部后上方，外耳壳呈漏斗状，其基部为外耳道。

2）颈

头后有明显的颈部，但较短。

3）躯干部

较长，分为背部、胸部和腹部。背部有明显的腰弯曲。胸、腹部以体侧最后一对肋骨为界。雌兔腹部有3～6对乳头（以4对居多），但幼兔和雄兔不明显。用拇指和食指稍稍把近尾根处的被毛拔开，观察肛门和泄殖孔，在外形上分辨雌雄。泄殖孔在前，肛门在后。肛门两侧各有一无毛区称鼠蹊部，鼠蹊腺开口于此，此腺体分泌物带有家兔特有的气味。雌兔的泄殖孔呈椭圆形裂缝，且越向下越窄，此处称阴门。雄兔可见到一圆孔中露出圆锥形稍向下弯曲的阴茎（幼兔不显）。成年雄兔肛门两侧有1对明显的阴囊，繁殖时期睾丸由腹腔下降至阴囊内。

4）尾部

短小，位于躯干末端。

5）四肢

位于腹面，出现了肘和膝。前肢短小，分为上臂、下臂、腕、掌和指5部分。肘部向后弯曲。第1指无爪，其余4指均有爪。后肢较长，分为股、胫、跗、蹠和趾5部分。膝部向前弯曲。具4趾，第1趾退化，均有爪。在掌和蹠的腹面有若干个肉垫。

2. 内部解剖

家兔的处死：一般采用空气栓塞法，用注射器向兔耳缘静脉（图17-1）注入10～20ml空气，使血管内形成气栓，阻碍血液循环，造成缺氧而死。注射时，用手指弹动或轻柔兔耳，或捏住耳根处使静脉充血，用左手拇指和无名指固定兔耳，针头平行自远端耳缘静脉向近心端刺入。注射完毕，抽出针头，用干棉球按压住进针处。家兔很快死亡。如第1针不成功，可在这一血管的近心端再注射一次。

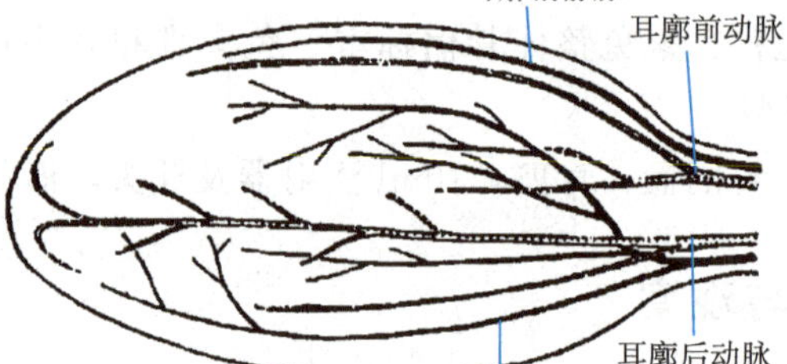

图17-1 家兔耳廓动静脉（背面观）

将已处死的兔仰卧于解剖盘中，蘸清水润湿腹中线的毛，然后自泄殖孔稍前处提起皮肤，沿腹中线由后向前直抵颌下把皮肤剪开；在颈部将皮肤向左右横剪到耳廓基部（顺便剥离头部皮肤）。再用镊子夹住皮肤边缘，用解剖刀划断皮下结缔组织，分离皮肤和肌肉。然后沿腹中线略偏左侧剪开腹壁。在肋骨后缘处，向两侧横向剪开体壁，观察横膈膜和腹腔原位结构。沿胸骨一侧用骨钳剪断肋骨，观察横膈膜上方胸腔内各器官（图 17-2）的原位结构，按顺序进行观察。

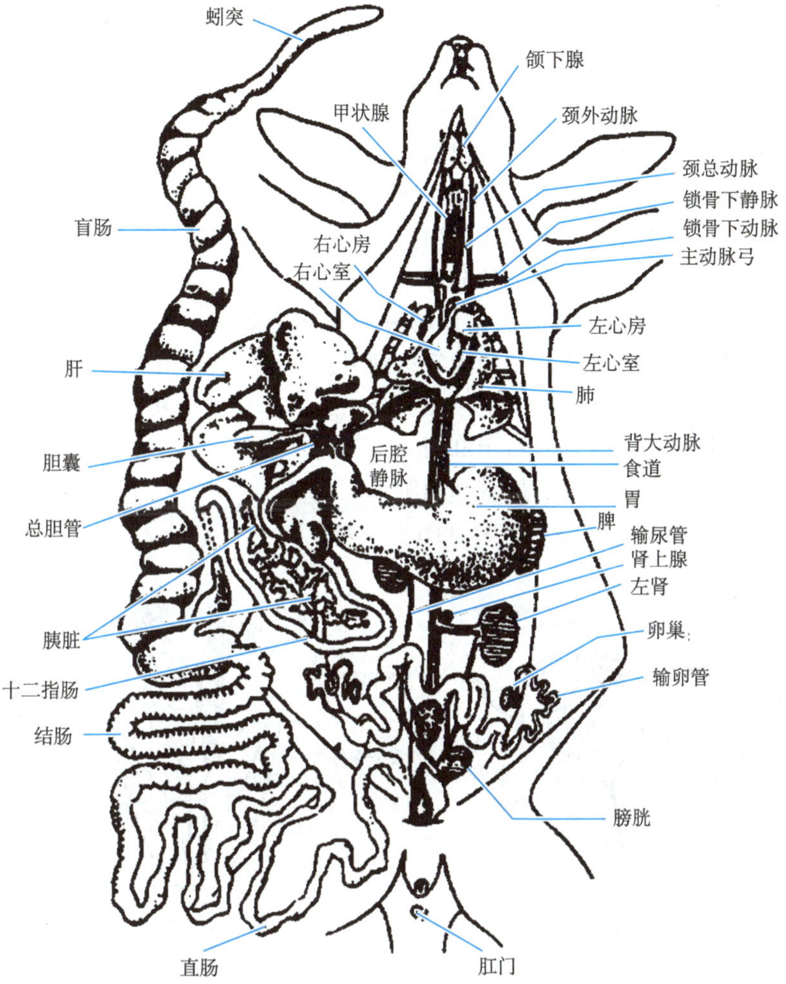

图 17-2　雌兔的内脏（杨安峰，1992）

1）消化系统

（1）消化道。兔的消化道分为口、口腔、咽、食管、胃、小肠、大肠和肛门。

a. 口腔：沿口角将颊部肌肤剪开，剪断齿骨关节，将下颌后翻，观察口腔内各部结构。

唇　肉质的上、下唇成口缘，上唇有唇裂。

齿　兔有发达的门齿而无犬齿，上颌有前后排列的 2 对门齿，前排门齿长呈凿状，遮隐着后排小门齿；前臼齿和臼齿短而宽，具有磨面。齿式为$\frac{2.0.3.3}{1.0.2.3}$。

硬腭　为口腔顶壁的前部，此处的口腔黏膜具若干横行波棱。

软腭　为口腔顶壁后部的肌肉质结构，其后缘下垂，把口腔和咽腔分开。

舌　口腔底部有发达的肌肉质舌，其表面有许多乳头状突起，其上有味蕾。

b. 咽：软腭后方的腔为咽腔。

c. 食管：肌质管，由咽部后进入胸腔，穿过横膈膜进入腹腔与胃连接。

d. 胃：为食道末端的膨大部分，偏于腹腔左侧，前端与食道交界处为贲门，后面以幽门连接十二指肠。胃的前缘称胃小弯，后缘称胃大弯。在胃大弯左侧有1个暗红色、条形体的脾脏，是体内最大的淋巴器官。

e. 小肠：自前至后可分为十二指肠、空肠和回肠。十二指肠呈“U”形，在接近肝脏一侧（距幽门口约1cm处）有总胆管的开口。对侧十二指肠后段约1/3处有胰管的开口。空肠和回肠在外形上无明显的分界。

f. 大肠：分盲肠、结肠和直肠；回肠和结肠相连处有一长而粗大的盲管为盲肠，其表面有一系列横沟纹，游离端细而光滑称蚓突。回肠与盲肠相连处膨大形成一厚壁的圆囊，称圆小囊。结肠分升结肠、横结肠和降结肠3部分，按其自然位置即可区别。大肠最后端为很短的直肠，直肠开口于肛门。

（2）消化腺。包括唾液腺、肝脏和胰脏。

a. 唾液腺：家兔的唾液腺有4对（图17-3）。

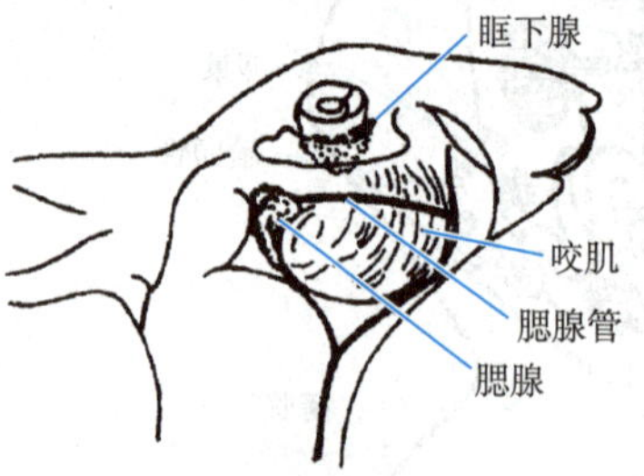

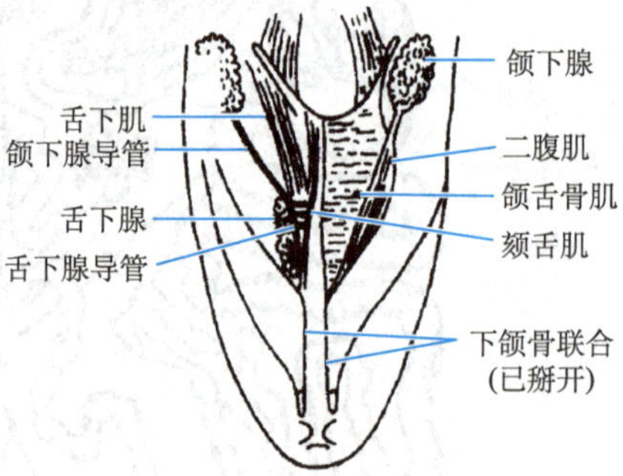

图17-3　家兔的唾液腺（仿杨安峰，1992）

腮腺（耳下腺）　位于耳壳的基部腹前方，剥开该处皮肤即可见。为不规则的淡红色腺体，其导管越过咬肌表面进入上唇。

眶下腺　位于眼窝底部的前下角，呈形状不规则的粉红色。可剪去一侧眼球，用镊子伸进眼窝底部可将此腺拉出。注意不要与白色哈氏腺混淆。

颌下腺　位于下颌腹面两侧，为1对大型褐色的卵圆形腺体，将下颌腹表面结缔组织剪开即可见。

舌下腺　位于舌肌中。将下颌联合缝撬开，用镊子提起颌下腺，找到它的透明有韧性的导管，追踪此管，在它的沿途剪断二腹肌，进入舌部，用解剖刀切开部分舌肌，可见此导管连接1个小型近圆形的淡黄色腺体，此为舌下腺。

b. 肝脏：位于横膈膜后，暗红色，覆盖于胃上，分为 6 叶，即左外叶、左中叶、右中叶、右外叶、方形叶和尾形叶。在尾形叶与右外叶之间有动脉、静脉、神经和淋巴管的通道，称为肝门。胆囊位于右中叶背面，胆汁沿胆管进入十二指肠。

c. 胰脏：散在于十二指肠弯曲处的肠系膜上，是一种多分支、不规则的淡黄色腺体。有 1 条胰管通入十二指肠。

2）呼吸系统

包括外鼻孔、鼻腔、内鼻孔、喉、气管和支气管及肺等器官。

鼻腔和咽　鼻腔前端以外鼻孔与外界相通，后端以内鼻孔与咽腔相通，其间有鼻中隔相隔。在鼻咽腔侧壁上有 1 对斜行裂缝为耳咽管的开口，咽部背面通向后方的开孔是食道口，咽部腹面的开孔为喉门，为气管的入口。

喉　位于咽的后方，由若干块软骨构成。最前端的 1 块三角形软骨为会厌软骨，其前端游离，后端连于甲状软骨；腹面 1 块大型盾状软骨为甲状软骨；其后为环状软骨；环状软骨前方有 1 对三棱形软骨，为杓状软骨；其下有 2 对褶状物，前方 1 对为假声带，后方 1 对为真声带。

待观察结束后，取下喉部，剖开，详细观察各软骨。

气管和支气管　喉头之后为气管，管壁由许多片背面不封口的半环状软骨（C 形软骨环）和软骨间膜所构成。气管到达胸腔时，分为左右支气管而进入肺。

肺　位于胸腔内心脏的左右两侧，为粉红色海绵状器官。左肺 2 叶，右肺 4 叶。

3）循环系统

本部分的解剖和观察应由表及里进行，重点放在心脏附近的粗大血管上。应从近心端依次向远心端分离血管，尽量不剪破血管，一旦有部位出血，应及时用棉线结扎或用止血钳来止血。动静脉观察时，应结合起来进行。

（1）心脏。位于胸腔偏左的围心腔内，外包围心膜。小心剪开围心膜、揭去心脏周围结缔组织和胸腺，暴露出心脏。心脏卵圆形，分左右两心房和左右两心室，冠状沟前方为心房，后方为心室（注意观察心房、心室搏动的节律性）。用镊子轻轻挤压一下心脏的壁，可知心室壁比心房壁厚，而左心室壁比右心室壁厚。

待实验观察结束后，将心脏连同大血管剪下，剖开心脏，观察心脏各腔室及壁的结构（注意腔室大小、壁薄厚）、房室瓣（二尖瓣、三尖瓣）及动脉基部的半月瓣。★这些瓣膜的功能是什么？

（2）动脉系统。由右、左心室发出的肺动脉、体动脉弓及其发出的分支动脉组成。

肺动脉　由右心室发出，穿过左体动脉弓背面，然后分成左右支分别进入左右肺。

体动脉弓　仅保留左体动脉弓，由左心室发出向前不久即转至左侧再折向后方形成背大动脉。体动脉弓基部发出冠状动脉，分布于心脏。体动脉弓向左弯折的弓形处向前发出锁骨下动脉和无名动脉，这些动脉在个体间发出形式有差异（图 17-4）。

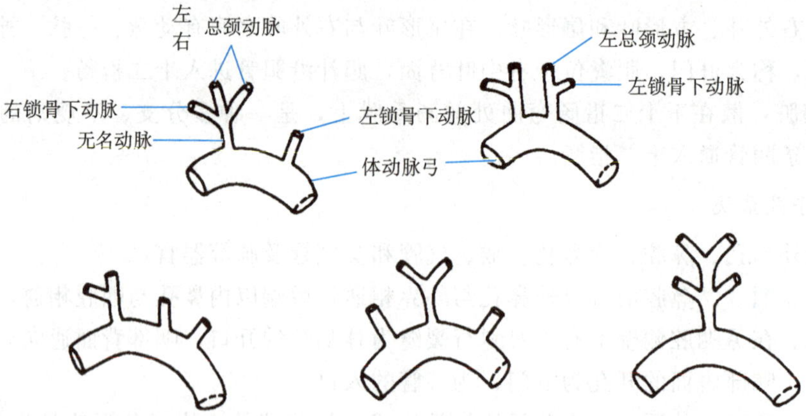

图 17-4　家兔锁骨下动脉和无名动脉从动脉弓发出的不同形式

背大动脉沿途主要的分支血管有：与肋骨平行的肋间动脉（若干对）。进入腹腔后分出的第 1 支大血管，即腹腔动脉。位于腹腔动脉下方的前肠系膜动脉（1 条）和肾动脉（1 对）、后肠系膜动脉（1 条）、生殖动脉（1 对）、腰动脉（共 6 对）、总髂动脉（1 对）、尾动脉（1 条）。

（3）静脉系统。除肺静脉外，主要有 1 对前大静脉和 1 条后大静脉，汇集全身的静脉血返回心脏。静脉血管外观上呈暗红色。

肺静脉　由左右肺的根部伸出，在背侧入左心房。

前大静脉　分左右 2 支，汇集锁骨下静脉和颈总静脉的血液，向后注入右心房。

后大静脉　汇集内脏和后肢的血液回心脏，注入右心房。在注入处与左右前大静脉汇合，主要由奇静脉（1 条）、肝静脉（4 或 5 条）、肾静脉（1 对）、腰静脉（6 对）、生殖静脉（1 对）、髂腰静脉（1 对）总髂静脉（1 对）等汇合而成。

肝门静脉　将肝各叶掀向前方，将肝十二指肠韧带展开，可见韧带里有一粗大静脉，即肝门静脉，收集内脏各器官（胰、胃、脾、十二指肠、小肠、结肠、直肠、大网膜等）的血液送入肝脏。

4）排泄系统

包括 1 对肾脏、1 对输尿管、1 个膀胱和尿道。

肾脏　移去消化道，可见 1 对红褐色蚕豆形肾脏，位于腹腔背壁，腰部脊柱两侧，右肾位置稍靠前。肾内侧有凹入的肾门，为神经、血管、淋巴管和输尿管出入的地方。肾脏前内侧有黄白色三角形肾上腺（属内分泌腺）。

待实验观察结束后，取下肾脏，纵剖观察肾脏内部结构（皮质、髓质、肾乳头等）。

输尿管　起于肾脏的肾盂，沿腰部腹面下行进入盆腔，在膀胱背外侧注入膀胱。

膀胱　位于耻骨前缘，为 1 个肌肉质囊，可贮存尿液，后部与尿道相连，尿由尿道排出。

尿道　雌性的尿道是1条沿阴道腹侧后行的管道，开口于阴道前庭。雄性尿道很长，尿道兼有排尿和排精的功能，开口于阴茎的末端。

5）生殖系统

雄性生殖系统　包括睾丸、附睾、输精管、阴茎、副性腺及阴囊。睾丸（精巢）1对，为白色椭圆体。睾丸在繁殖期降落到阴囊中；非繁殖期或未成熟期则位于腹腔内（家兔的腹股沟管终生开放）。睾丸端部有一隆起为附睾。由附睾伸出的白色细管即输精管。输精管沿输尿管腹侧经膀胱后面通入尿道，并穿过阴茎开口于体外。在膀胱与输精管交界的腹面有1对精囊腺。阴茎内尿道周围有两个富含血管的海绵体，即阴茎海绵体和尿道海绵体。

雌性生殖系统　包括卵巢、输卵管、子宫、阴道。卵巢1对，椭圆形，位于肾脏后方。卵巢外侧各有1条输卵管，前端开口扩大部分为喇叭口。输卵管后端的膨大部分为子宫。兔子宫属双子宫，左右子宫结合为“Y”形与阴道相连。阴道为子宫后方的一直管，以阴门开口于体外。

3. 骨骼系统的观察

本部分应首先观察兔的整架骨骼标本，区分中轴骨骼、带骨和四肢骨骼，了解其基本组成和大致部位。

1）中轴骨骼

由头骨、脊柱、胸骨和肋骨组成。

（1）头骨。全部骨化，骨块数目减少，愈合程度很高，按从后向前顺序观察。

后部　环绕枕骨大孔的为枕骨，由基枕骨、上枕骨及左右外枕骨愈合而成。枕骨两侧各具1枚枕骨髁，与寰椎相关节。枕骨大孔为延髓与脊髓的通路。

上部　自后向前依次为间顶骨（1枚）、顶骨（1对）、额骨（1对）和鼻骨（1对）。间顶骨位于上枕骨的前方中央。鼻骨较长，前端开口为外鼻孔。

底部　自后向前依次为基枕骨、基蝶骨（三角形）、前蝶骨（细长）、腭骨、上颌骨和前颌骨。后三者组成骨质次生腭，并与口腔顶壁组织构成的软腭一起使鼻通路后延。在底部侧枕骨的下方，还有圆形的鼓骨（耳泡骨），构成对外耳道及中耳的保护，其侧面的孔即为耳道通路。

侧部　在外枕骨前方为一块大型的颞骨（由鳞骨、耳囊及鼓骨等愈合成）。颞骨向前生有颧突，与颧骨相关节。颞骨的腹面与下颌（齿骨）相关节。颧骨前方与上颌骨的颧突相关节。颞骨、颧骨和颌骨构成哺乳类特有的颧弓，为咀嚼肌的附着处，颧弓内侧是颞肌的穿行处。颧弓前上方的凹窝为眼窝。眼窝前内壁由泪骨和蝶骨构成，其余部分由附近的骨骼突起构成。上颌骨与前颌骨构成头骨前方部分，门齿着生在前颌骨上，前臼齿和臼齿着生在上颌骨上。

下颌骨　由单一的齿骨组成，有关节面与颞骨相关节。

（2）脊柱。家兔脊椎骨共46枚，分为颈椎、胸椎、腰椎、荐椎和尾椎5部分。

颈椎　7枚，第1枚颈椎外观呈环状，称为寰椎，其前缘有1对关节面与头骨的枕骨髁相关节。第2枚颈椎称为枢椎，其向前伸出的齿状突起深入寰椎的腹方，使头骨与寰椎一起可在枢椎的齿突上转动。

胸椎　12 枚，背面椎棘高大，腹侧与肋骨相连。

腰椎　7 枚，椎体粗壮，横突发达并斜指向前下方。

荐椎　4 枚，椎棘低矮，椎体和横突愈合，成体荐椎愈合，称荐骨。

尾椎　16 枚，前面数枚具椎管，以容纳脊髓的终丝；后面数枚尾椎仅有椎体，呈圆柱状。

(3) 胸骨和肋骨。

肋骨　12 对，前 7 对直接与胸骨相连，称真肋；后面不连胸骨，附着于前面肋骨上的称假肋。如果末端游离，称浮肋。肋骨背部为硬骨（椎肋），借两个关节与胸椎相关节；腹面为软骨（胸肋），与胸骨连结。

胸骨　由 6 枚骨块组成，构成胸廓的底部。前面最大的 1 块为胸骨柄；最后面的 1 块胸骨与 1 个软骨板相连结，称剑突。

2) 附肢骨骼

(1) 肩带与前肢骨。

肩带　肩胛骨为一块大型的三角形骨片，其前端的凹窝为肩臼（与前肢的肱骨相关节），肩臼上方的小而弯的突起为乌喙突（为退化的乌喙骨）。肩胛骨背方的中央隆起为肩胛嵴（前肢运动肌肉附着此处）。兔的锁骨退化成 1 个小薄骨片，两端各以韧带连于胸骨柄和肱骨之间。

前肢骨　由肱骨、桡骨、尺骨、腕骨、掌骨及指骨组成。

(2) 腰带与后肢骨。

腰带　由髂骨、坐骨和耻骨愈合而成。3 块骨构成的关节窝称髋臼（与后肢的股骨相关节）。髂骨以粗大的关节面与脊柱的愈合荐骨相连结。左右耻骨在腹中线处联合，称耻骨联合。腰带构成封闭式盆腔（消化、泌尿和生殖管道均由此穿过而通体外）。每侧坐骨与耻骨中间的圆孔为闭孔（血管和神经由此通过）。

后肢骨　由股骨、胫骨、腓骨、跗骨、蹠骨、趾骨组成。胫骨较腓骨大而长。股骨下端有 1 块膝盖骨。

4. 神经系统（示范）

主要观察脑和脑神经。

1) 脑背面观

嗅球（1 对，位于大脑的前端）、大脑半球（占全脑的大部分。表面无褶皱。左右大脑半球之间有一纵裂，纵裂后端由间脑发出的松果体，在大脑与间脑之间有间脑背壁的前脉络丛）、中脑（将大脑与小脑相连处轻轻分开，可见中脑，包含 4 个丘状隆起即四叠体）、小脑（包括中间的小脑蚓部、两侧的小脑半球及小脑半球外侧的小脑卷）、延脑（将小脑稍提起，即可见延脑背壁的后脉络丛，其下为第四脑室）。

2) 脑腹面观

嗅神经（连接在嗅球上，由鼻腔黏膜发出）、视神经交叉（为间脑腹面 1 对粗大的神经，由眼球视网膜发出，在脑垂体前形成视神经交叉）、脑下垂体（紧贴视神经交叉后的 1 个圆形突起)、大脑脚（脑下垂体后方，中脑的腹面)、动眼神经（脑下垂体后方，分布于眼肌)、滑车神经（中脑侧壁发出的细小神经，分布于眼肌)、脑桥（小脑腹面的隆起部分）三叉神经（脑桥后缘两侧发出，分布于眼眶壁和上下颌)、外展神经（延脑腹面中线向前伸，分布于眼肌)、面神经和听神经（三叉神经之后发出的 3 条神经，第 1 条为面神经，后 2 条为听神经)、舌咽神经（听神经之后，分布于舌肌和咽部)、迷走神经（紧接舌咽神经之后，基部有数根，分布于咽、喉、气管和内脏器官)、副神经（Ⅺ)（迷走神经之后，分布于咽喉等处肌肉上)、舌下神经（于延脑后端腹面中线两侧，副神经的后内侧，分布于舌肌)。

作业

1. 绘制家兔消化系统简图，并注明各部分名称。
2. 绘制家兔循环系统简图，标注主要血管名称。

思考题

通过对家兔外形和各个器官系统的观察，总结哺乳动物的主要特征。

实验十八

哺乳纲的分类

实验目的

1. 了解哺乳纲重要目和科的特征。
2. 进一步熟悉使用和制作分类检索表。
3. 认识常见及有经济价值的代表种类。

实验内容

1. 哺乳动物的分类术语和性状的测量。
2. 标本检索与鉴定。

实验材料与用具

1. 材料：哺乳动物标本。
2. 用具：卡尺，卷尺，放大镜等。

实验操作与观察

1. 哺乳动物的度量及分类常用术语

1）哺乳动物外形度量（图 18-1）

体长　自鼻（吻）端至尾基部或肛门的直线长度。

尾长　自尾基部至尾端（不包括尾端的长毛）的长度。

耳长　由耳着生处至耳尖（不计耳毛）的长度。

后足长　自跗关节的后端至最长趾（不计爪）的长度。

体重　包括内脏在内的整体质量。

2）毛被

毛被的形态、色泽、性质是哺乳动物重要的识别依据。

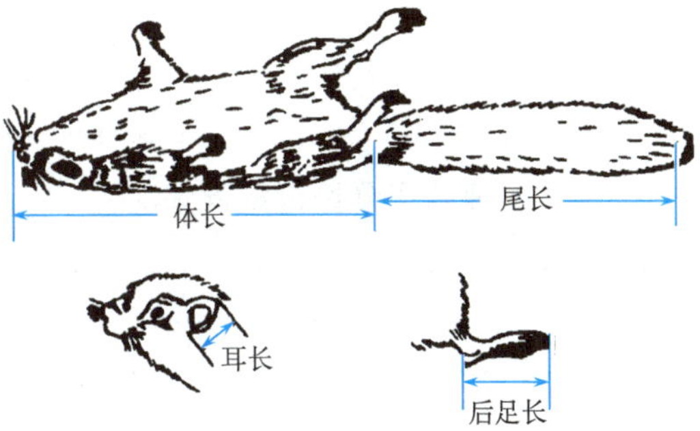

图 18-1　小型哺乳动物的外形测量

针毛　　一般呈长纺锤形，基部细软，中间稍粗硬，末端尖细。针毛长而有弹性，突出毛被表面，保护绒毛层。针毛的颜色或色段形成了哺乳动物的毛色。针毛有毛向，耐摩擦。

绒毛　　短而细密，附于皮肤上，位于毛被的最内层，起保暖作用。

棘或刺　　由毛特化而成，有保护作用，如刺猬和豪猪的刺。

鬃毛　　为毛基和毛干都变粗硬的针毛，如野猪的鬃。

3）头骨的测量（图 18-2）

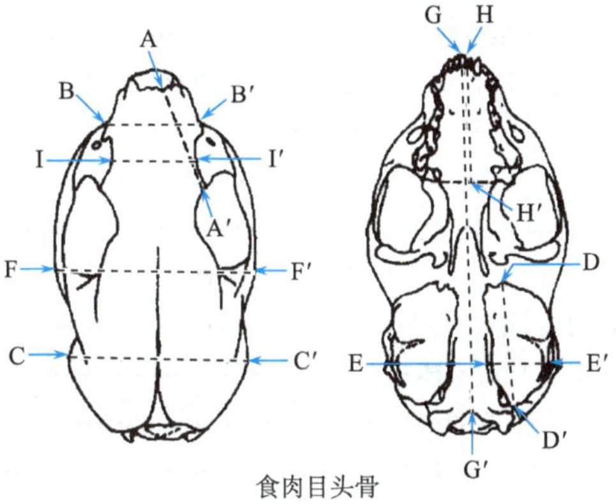

食肉目头骨

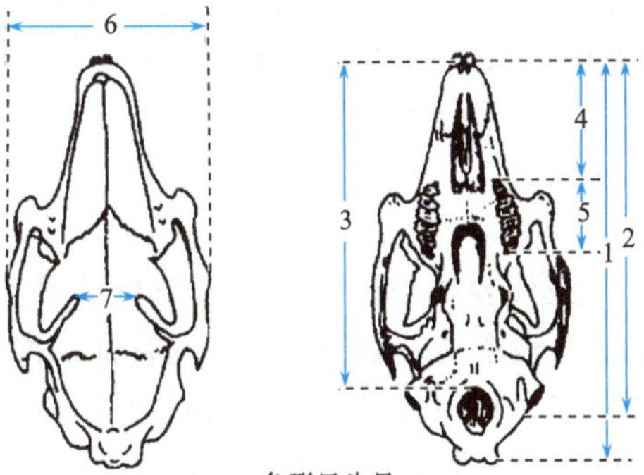

兔形目头骨

图 18-2　哺乳动物头骨测量（郑作新，1982）

A-A′. 眶鼻间长；B-B′. 吻宽；C-C′. 后头宽；D-D′. 听泡长；E-E′. 听泡宽；F-F′. 颧宽；G-G′. 基长；H-H′. 上齿列长；I-I′. 眶间宽

1. 颅全长；2. 颅基长；3. 基长；4. 齿隙；5. 上列齿长；6. 颧宽；7. 眶间宽

2. 哺乳纲分类

哺乳纲分目检索表

1. 有后肢	2
无后肢	12
2. 前肢具翼膜适于飞行	翼手目（Chiroptera）
前肢不具翼膜，构造不适于飞行	3
3. 牙齿全缺；体被鳞甲	鳞甲目（Pholidota）
具牙齿；体无鳞甲	4
4. 门齿凿状，犬齿虚位	5
门齿非凿状，有犬齿	6
5. 上颌具 1 对门牙	啮齿目（Rodentia）
上颌具前后 2 对门牙	兔形目（Lagomorpha）
6. 四肢末端指（趾）分明，趾端有爪或趾甲	7
四肢末端趾愈合或有蹄	10
7. 前后足拇指（趾）与其他指（趾）相对	灵长目（Primates）
前后足拇指（趾）不与其他指（趾）相对	8
8. 吻部尖长，向前超出下唇甚远，正中 1 对门牙通常明显大于其他各对	食虫目（Insectivora）
上下唇通常等长，正中 1 对门牙小于其余各对	9
9. 体形呈纺锤状，适于游泳；四肢变为鳍状	鳍足目（Pinnipedia）
体形通常适于陆上奔走；四肢正常，趾分离，末端具爪	食肉目（Carnivora）
10. 体形特别巨大；鼻长而能弯曲	长鼻目（Proboscidea）
体形巨大或中等；鼻不延长或不能弯曲	11
11. 四足仅第 3 趾或第 4 趾发达着陆	奇蹄目（Perissodactyla）
四足第 3、4 趾发达且等大，均着地	偶蹄目（Artiodactyla）
12. 同型齿或无齿；呼吸孔通常位于头顶；多数具背鳍；乳头腹位	鲸目（Cetacea）
多为异型齿；呼吸孔在吻前端；无背鳍；乳头胸位	海牛目（Sirenia）

3. 物种观察

根据实际情况，选择一些代表种类、有重要经济价值种类及珍稀濒危种类进行观察，鉴定所属目及科，记录所观察哺乳动物种的鉴别特征。结合参观自然博物馆和动物园，认识更多的种类。实验室观察一般以 30～50 种为宜，观察物种尽量包括以下各目。

单孔目（Monotremata）　卵生，雌性具孵卵行为；乳腺无乳头；有泄殖腔，雄性无交配器；成体无齿而具角质鞘。

鸭嘴兽（*Ornithorhynchus anatinus*）　嘴宽扁似鸭，尾扁平，指（趾）间具蹼，无耳壳，无唇。

针鼹（*Tachyglossus aculeatus*）　吻细长，鼻孔和口位于吻端；口小，无齿，舌细长；眼小；体毛间杂有硬刺；具外耳壳，部分隐于毛中；四肢短，均为 5 指（趾）。

有袋目（Marsupialia）　胎生，幼仔发育不完全，需在母兽的育儿袋中继续发育 7～8 个月；乳头位于育儿袋内；雌性双子宫，双阴道，雄性阴茎头分裂为二；具肉质唇，异齿型，门齿数目较多。

大袋鼠（*Macropus giganteus*）　后肢强大，趾有并合现象，适于跳跃；尾粗长；育儿袋发达。

食虫目（Insectivora）　小型种类；四肢短，具 5 指（趾），有利爪；体被软毛或硬刺，吻尖细而突出，牙齿原始；外耳及眼较退化；多为夜行性。

食虫目分科检索表

1. 眼退化；无耳壳；第 1 上门齿正常 ………… 鼹科（Talpidae）
   眼正常或较小；有耳壳；第 1 上门齿异常 ………… 2
2. 体被硬刺或长针毛；第 1 上门齿犬齿状 ………… 猬科（Erinaceidae）
   体形似鼠，密生短毛；第 1 上门齿具双尖 ………… 鼩鼱科（Soricidae）

东北刺猬（*Erinaceus amurensis*）　背被有棕、白相间的棘刺；吻部尖长；体和尾短；夜行性。

鼩鼱（*Sorex araneus*）　吻部尖长，向前超出下唇甚远；外貌似鼠，体被褐色细绒毛；尾细长具疏毛。

麝鼹（*Scaptochirus moschatus*）　体型小；吻尖如锥形；眼退化；无耳壳；前肢发达，爪呈扁平状；尾短于后足。

翼手目（Chiroptera）　前肢特化，指骨延长；后肢短小，具长而弯曲的爪；借前肢、后肢和尾之间的皮膜飞翔；锁骨发达，胸骨具龙骨突；种类较多，我国有 7 科 90 余种。

翼手目分科检索表

1. 第 2 指有 3 节指骨；具爪；体型大；尾短或缺；眼大，脸狐形 …… 狐蝠科（Pteropodidae）
   第 2 指指骨不超 2 节；无爪；体型小；一般有尾；眼小 ………… 2
2. 吻部有鼻叶 ………… 3
   吻部无鼻叶 ………… 5
3. 耳屏分叉；鼻叶简单；第 2 指仅有 1 节指骨 ………… 假吸血蝠科（Megadermatidae）
   无耳屏；鼻叶复杂；第 2 指有 2 节指骨 ………… 4
4. 趾具 3 节趾骨；鼻叶有三角形顶叶 ………… 菊头蝠科（Rhinolophidae）
   趾具 2 节趾骨；鼻叶有横条状顶叶 ………… 蹄蝠科（Hipposideridae）
5. 尾位于股间膜内，不呈游离状 ………… 蝙蝠科（Vespertilionidae）
   尾突出于股间膜，呈游离状 ………… 6
6. 第 2 指仅有掌骨，无指骨；尾从股间膜背面穿出 ………… 鞘尾蝠科（Emballonuridae）
   第 2 指有指骨；尾从股间膜后缘穿出 ………… 犬吻蝠科（Molossidae）

狐蝠（*Pteropus giganteus*）　大型蝙蝠；脸形似狐；牙齿结实。

伏翼（*Pipistrellus abramus*）　体型较小；耳屏狭长，超过耳壳长一半；犬齿具后附尖。

东方蝙蝠（*Vespertilio sinensis*）　体中小型；体褐黑色，毛尖淡褐色；跗趾长不足胫骨的1/2；尾端约2～3mm伸出股间膜。

灵长目（Primates）　树栖生活；除少数外，拇指（趾）与其他指（趾）相对；锁骨发达，手掌及蹠部裸露，且有两行皮垫；指（趾）端多具指甲。

灵长目分科检索表

1. 第2趾具爪，其余指（趾）具甲；尾极短	懒猴科（Lorisidae）
指（趾）均具甲，无爪	2
2. 尾长，至少明显；前肢与后肢等长或稍长	猴科（Cercopithecidae）
无尾；前肢长超过后肢	长臂猿科（Hylobatidae）

蜂猴（*Nycticebus coucang*）　背毛棕黄色。

猕猴（*Macaca mulatta*）　有颊囊；颜面与耳多呈肉色；体毛棕黄色；胼胝红色；尾长约为体长的1/2。

金丝猴（*Pyzathrix roxellana*）　无颊囊；鼻孔朝上；眼圈白色；脸部天蓝色；身披金黄色长毛；尾长。

黑叶猴（*Presbytis francoisi*）　全身黑色；头顶有毛冠；两颊至耳基部有白毛；尾长超过体长。

鳞甲目（Pholidota）　体覆有覆瓦状的角质鳞片；鳞片间有稀疏的硬毛；头与躯干腹面有毛；前肢爪特别强大；无齿，舌长，如穿山甲（*Manis pentadactyla*）。

兔形目（Lagomorpha）　后肢长于前肢；上颌2对门齿前后着生，后一对极小，隐于前一对门齿的后方；无犬齿；耳长，上唇具唇裂。

兔形目分科检索表

耳长；后肢明显长于前肢；尾较短，明显露于毛被之外；有眶上突	兔科（Leporidae）
耳圆形；前后肢约等长；无尾或极不明显；无眶上突	鼠兔科（Ochotonidae）

达乌尔鼠兔（*Ochotona daurica*）　趾端隐于毛中；毛沾黄色，吻鼻部四周沾污白色；听泡发达，外侧显著膨大。

华南兔（*Lepus sinensis*）　被毛黄褐色；针毛有黑褐色毛段；腹毛白色；耳及尾较短。

草兔（*L. capensis*）　体型中等；耳长，耳尖黑；尾背面中央有一长而宽的黑色纵纹，其边缘及尾腹面毛色白色；尾较长。

啮齿目（Rodentia）　上下颌各具1对门牙，仅前面被珐琅质，呈凿状，终生生长；无犬齿，咀嚼肌发达；是哺乳动物中种类最多的一个目，我国有10科200余种。

啮齿目分科检索表

1. 臼齿 5/4 或 4/3 …… 2
　臼齿 4/4 或 3/3 …… 4
2. 后肢和尾正常 …… 松鼠科（Sciuridae）
　后肢和尾特长，适于跳跃 …… 3
3. 后肢长约为前肢的 2 倍；具 5 趾；中跖骨不合并；尾端无毛束 …… 林跳鼠科（Zapodidae）
　后肢长约为前肢的 4 倍；第 1、5 趾退化或缺；中跖骨合并；尾端常具毛束 …… 跳鼠科（Dipodidae）
4. 臼齿 4/4 …… 5
　臼齿 3/3 …… 7
5. 尾细长，被覆短毛；体形小，不超过 20mm …… 睡鼠科（Muscardinidae）
　尾形异常，具棘或无毛被鳞；体形小，超过 40mm …… 6
6. 全身具棘；后足无蹼 …… 豪猪科（Hystricidae）
　全身被毛；尾长扁平，皮肤鳞片状；后足具蹼 …… 河狸科（Castoridae）
7. 上臼齿咀嚼面有 8 条横脊；地下生活，眼及耳退化 …… 竹鼠科（Rhizomyidae）
　上臼齿无横脊或横脊少于 8 条；多数非地下生活 …… 8
8. 尾毛稀疏，尾端有长的毛束；硬腭有 2 或 3 对小孔 …… 刺山鼠科（Platacanthomyidae）
　尾毛短而密；硬腭无小孔 …… 9
9. 上臼齿咀嚼面齿突排成 2 纵列或被珐琅质分割成各种形状的齿叶 …… 仓鼠科（Cricetidae）
　上臼齿咀嚼面齿突排成 3 纵列或被珐琅质分割成横列的板条状 …… 鼠科（Muridae）

旱獭（*Marmota bobak*）　门齿露于唇外；耳短；四肢短粗，尾短而扁平；耳壳黑色；体背棕黄色。

复齿鼯鼠（*Trogopterus xanthipes*）　体形较大；毛赭褐色，耳基部被簇毛；四足背面橙红色。

赤腹松鼠（*Callosciurus erythraeus*）　背面橄榄黄色，腹面及四肢内侧栗红色；尾长，具黑黄相同的环纹。

小家鼠（*Mus musculus*）　小型鼠；门齿内侧有缺刻；尾长超过体长的 2/3；耳形圆突出毛外；后足较短。

褐家鼠（*Rattus norvegicus*）　体较大；臼齿齿尖 3 列，每列 3 个；体毛褐色或棕灰色，背中央杂有较多的黑长毛；腹部浅灰白色；尾长短于体长，尾毛短而稀疏，鳞环外露明显；耳较短，向前折不能达到眼。

中华鼢鼠（*Myospalax fontanieri*）　第 3 上臼齿后方有一个延伸的小突起；尾较长，具白色短毛；头顶中央有一白斑。

三趾跳鼠（*Dipus sagitta*）　前肢极短；后足仅 3 趾，长而善跳跃。

食肉目（Carnivora）　多为食肉性的猛兽；门齿小，犬齿强大而锐利，具裂齿；足有 4 趾或 5 趾，具尖锐而弯曲的爪；毛厚密，多具色泽。

食肉目分科检索表

1. 体型肥壮；前后肢均具 5 指（趾）；臼齿齿锋不尖锐 ………… 2
   体型矫健而修长；后肢具 4 趾或 5 趾；臼齿齿锋明显，具裂齿 ………… 4
2. 毛多黑色或褐色；颜面部犬脸状 ………… 熊科（Ursidae）
   毛黑、白两色或红棕色；颜面部猫脸状 ………… 3
3. 毛黑、白两色；体型大；尾短，隐于毛中 ………… 熊猫科（Ailuridae）
   毛红棕色；体型小；尾长，有明显色环 ………… 浣熊科（Procyonidae）
4. 体型细长，四肢短，后肢 5 趾，多具臭腺 ………… 5
   体型匀称，后肢 4 趾，多不具臭腺 ………… 6
5. 体型较小，毛色一般无斑纹，第 1 上臼齿内叶比外叶宽 ………… 鼬科（Mustelidae）
   体型较大，毛色多具有斑纹，第 1 上臼齿内叶比外叶窄 ………… 灵猫科（Viverridae）
6. 头部狭长，爪钝不能伸缩，臼齿数为 2/3 或 2/2 ………… 犬科（Canidae）
   头部短圆，爪锐利能伸缩，臼齿数为 1/1 ………… 猫科（Felidae）

赤狐（*Vulpes vulpes*）　体细长；面狭吻尖；耳直立；背毛由浅棕红色至深褐色；四肢短小，四肢外侧黑色；尾毛蓬松，尾端白色，尾长超过体长的一半。

貉（*Nyctereutes procyonoides*）　体粗胖；吻部及耳均短，四肢短；颊部有明显的倒八字形黑纹；尾粗短蓬松。

小熊猫（*Ailurus fulgens*）　脸圆，具白色斑纹，唇、耳缘和颊白色；全身呈红褐色，四肢呈棕黑色，体毛长而蓬松；尾长而粗，有 9 个棕黑与棕黄色相间的环纹。

紫貂（*Martes zibellina*）　四肢短健；后肢比前肢稍长；具 5 指（趾），有肉垫；爪有半伸缩性；尾毛蓬松；体棕黑色或褐色，有白色针毛；头淡灰褐色，耳缘污白色；喉斑黄色或黄白色；尾粗大尾毛蓬松。

黄鼬（*Mustela sibirica*）　背毛橙黄色，腹毛稍淡；鼻部及两眼周围暗褐色，上下唇白色；肛门腺发达。

狗獾（*Meles meles*）　体肥壮，背部针毛粗硬；头部有 3 条白色纵纹，喉黑褐色；鼻垫与上唇间被毛。

花面狸（*Paguma larvata*）　身体除头部有一条宽阔的白色面纹外，无任何斑点及条纹。

云豹（*Neofelis nebulosa*）　全身灰黄或黄色，具云状斑，边缘黑色，中间灰黄；尾具数个黑环，尾尖黑色。

豹（*Panthera pardus*）　头圆耳短，尾长，超过体长一半，四肢短健。体毛橙黄色或棕黄色，全身布满黑色斑点和黑色环纹。

虎（*P. tigris*）　大型猫科动物；毛棕黄或浅黄色，有许多黑色横纹；眼上方有白斑；耳背黑色，中央有一白斑，腹面白，有黑条纹；尾长，具黑色环纹，尾尖黑色。

猞猁（*Felis lynx*）　两颊具下垂的长毛；两耳直立，耳端具直立的笔毛；四肢粗长，尾甚短，尾端黑色。

鲸目（Cetacea）　体呈鱼形；体毛退化；皮下脂肪增厚；前肢鳍状，后肢消失；颈椎有愈合现象。

白鳍豚（*Lipotes vexillifer*）　体长1.5～2.5m；嘴长约30cm，齿数约130枚；头圆；短颈；有背鳍；体背面淡蓝灰色，腹面白色；鳍白色。

江豚（*Neophocaena phocaenoides*）　头圆吻短，有60～67枚细齿；全体黑色，无背鳍，前肢鳍状，无后肢；尾鳍呈水平两叶。

鳍足目（Pinnipedia）　海栖兽类，体流线型；前肢鳍足大而无毛，后肢转向体后，趾间有蹼。也有将鳍足目并入食肉目。

斑海豹（*Phoca vitulina*）　头圆，眼大，无外耳壳；口须长；成体背部苍灰色，杂有棕黑色斑点。

奇蹄目（Perissodactyla）　第3趾特别发达，其余各趾退化或消失，趾端具蹄；单室胃，盲肠发达；门齿适于切草，犬齿退化，臼齿咀嚼面上有复杂的棱脊。

斑马（*Equus zebra*）　毛淡黄色，有黑色斑纹，臀和股部斑纹较宽；体侧斑纹不达腹下面；鬣毛刚硬。

偶蹄目（Artiodactyla）　第3、4指（趾）发达，趾端有蹄，第2、5指（趾）或退化或为悬蹄；上门牙退化或消失，臼齿结构复杂。

偶蹄目分科检索表

1. 有上门齿，下犬齿和门齿异型；无角 …… 2
   无上门齿，下犬齿和门齿同型；至少雄性有角，无角时上臼齿呈獠牙状 …… 3
2. 鼻孔位于鼻端的吻盘上；体被鬃毛；足4趾 …… 猪科（Suidae）
   鼻端无吻盘，上唇纵裂；鼻孔位于吻部两侧，有鼻瓣；体被软毛；足2趾 …… 驼科（Camelidae）
3. 体型小，体重不超过12kg；无角 …… 4
   体型较大，体重超过12kg；多数雄性具角 …… 5
4. 第1下门齿之间有明显的空隙；无臭腺 …… 鼷鹿科（Tragulidae）
   第1下门齿之间无空隙；有臭腺 …… 麝科（Moschidae）
5. 具实角，分叉，每年脱落；如无角则上犬齿发达，呈獠牙状 …… 鹿科（Cervidae）
   具洞角，不分叉，永不脱落 …… 牛科（Bovidae）

野猪（*Sus scrofa*）　体型似家猪，但吻部更为突出；肩高大于臀高；雄性犬齿发达，呈獠牙状；毛色一般呈褐色，背上正脊有鬃毛。

盘羊（*Ovis ammon*）　尾短；耳小；雌雄均有角；雄角粗大，长达1m，向下扭曲成螺旋状，外侧有环棱。背面和侧面暗棕色，脸、额、颈淡灰棕色，胸、腹部黄棕色，臀部有白斑。

藏羚羊（*Pantholops hodgsonii*）　形体健壮，头形宽长，吻部粗壮；雄性角长而直，雌性无角；鼻部宽阔略隆起；尾短；四肢强健而匀称；身体淡褐色。

斑羚（*Naemorhedus goral*）　四肢短，蹄狭窄；雌雄均具角，黑色，短直，近角尖处略向下弯曲，角下半段有一圈环纹，角基部相距甚近。

黄羊（*Procapra gutturosa*）　体型纤瘦，四肢细长，尾短；臀斑白色；仅雄性有角，角短尖，角上有等距棱环，角尖平滑无节纹，且略向内后方弯曲。

梅花鹿（*Cervus nippon*）　体型中等大小；体侧有成行的白色花斑；角的眉叉与第二枝间距离较远；臀斑白色。

作业

总结食虫目、翼手目、灵长目、啮齿目、食肉目、偶蹄目、奇蹄目的主要特征。

思考题

简述哺乳动物各类群适应环境的多样性策略。

第二部分

综合设计型实验

◎实验十九　昆虫的采集、标本制作与鉴定
◎实验二十　原生动物的多样性
◎实验二十一　脊椎动物神经系统的比较观察
◎实验二十二　脊椎动物多样性调查

实验十九

昆虫的采集、标本制作与鉴定

学生根据当地的生态环境特点，选择典型生境，查阅文献，设计昆虫采集、标本制作和分类鉴定方案，在教师指导下开展实验。

实验目的

1. 掌握昆虫采集的一般方法。
2. 掌握常见昆虫标本的制作方法。
3. 学会使用昆虫分目、分科、分属、分种检索表鉴定常见昆虫种类。

实验内容

1. 昆虫的采集。
2. 昆虫标本的制作。
3. 昆虫标本的鉴定与保存。

实验材料与用具

1. 材料：采集到的各种昆虫。

2. 用具：捕虫网，诱虫灯，毒瓶，标本盒，三角台纸，剪刀，镊子，75%乙醇（或浸制液），标签，卫生球等。

实验操作与观察

1. 昆虫的采集

（1）白天选择昆虫种类丰富的地方使用捕虫网采集，将采到的昆虫放入毒瓶中杀死后取出，并做好采集记录，详细记录采集时间、地点、海拔等。

（2）晚上可选择较为开阔的地方使用诱虫灯采集有趋光性的夜出性昆虫。

2. 昆虫标本的制作

采集的昆虫，需经过加工、整理、制成标本才能长期保存，供科研、教学和展览使用。

1）昆虫标本制作的工具

还软器、昆虫针、展翅板、三角台纸等。

2）针插标本的制作

（1）新鲜标本的制作。

刚采回的昆虫可直接制作。根据虫体大小选择合适的昆虫针。昆虫针由细到粗依次为。00，0，1，2，3，4，5。对于鳞翅目、蜻蜓目、膜翅目等昆虫，将昆虫针插在中胸中央偏右；鞘翅目昆虫插在右翅左上角；半翅目、同翅目昆虫插在小盾片中线右侧；直翅目昆虫插在前胸背板中线右侧；制作小昆虫标本可使用三角台纸。

（2）昆虫展翅。

蜻蜓目、脉翅目、鳞翅目等昆虫插针后还需展翅。将昆虫固定在展翅板（软木或泡沫塑料板制成），将昆虫翅展开压上纸条用针固定好，自然干燥后即可定型。各个类群展翅要求略有不同。例如，鳞翅目 2 个前翅后缘要成一直线，并盖住后翅前缘；脉翅目前翅不能盖住后翅。

3）浸制昆虫标本的制作

幼虫标本一般用 75％乙醇浸制，或配制专门的浸制液浸制。

3. 标本标签

采集到的所有昆虫标本都需要附上采集标签，写明采集时间、地点、海拔、经纬度、采集人。鉴定的标本还应附上鉴定标签，写明种名、定名人及鉴定日期。模式标本还须附上模式标签。

4. 标本的保存

针插标本放入昆虫标本盒内保存，并放入卫生球等驱虫，标本盒应置于专门的标本柜。

作业

1. 采集昆虫并进行标本制作，掌握一般针插标本的制作方法。
2. 使用昆虫检索表对制作的标本进行鉴定，认识常见的昆虫。

思考题

1. 不同生境中昆虫的种类组成会有区别吗？所调查生境中昆虫的优势种是什么？
2. 理解栖息地、生境等术语的含义。

实验二十

原生动物的多样性

根据当地实际情况，学生设计实验方案，在教师指导下，选择池塘、污水和雨水等，采集不同水样，定性和定量分析原生动物的组成与特点。

实验目的

1. 了解原生动物采集的方法。
2. 观察原生动物的生物多样性。

实验内容

1. 原生动物生活水样的采集。
2. 原生动物的种类识别及多样性分析。

实验材料与用具

1. 材料：采集不同水样的原生动物活体。
2. 用具：显微镜，载玻片，盖玻片，烧杯，毛细滴管，吸水纸等。

实验操作与观察

生物多样性，既是生物之间及与其生存环境之间复杂的相互关系的体现，又是生物资源丰富多彩的标志。将采集到的水样直接观察，便可能观察到鞭毛纲及纤毛纲的原生动物。

（1）原生动物生活水样的采集。

（2）原生动物的种类识别、多样性及数量特征。

作业

分析不同水环境中原生动物的种类组成和数量特征。

思考题

1. 基于原生动物种类丰富性理解生物多样性的含义。
2. 原生动物可否作为监测水环境的指示动物?

实验二十一

脊椎动物神经系统的比较观察

根据各校的实际情况，学生设计实验方案，实验材料可选择剥制的多类群代表动物神经系统，也可选择模型。如条件允许，可在教师指导下，学生自己制作神经标本用于观察。

实验目的

通过对脊椎动物各纲中的代表动物（七鳃鳗、白斑星鲨、鲤鱼、蟾蜍、蜥蜴、家鸡、家兔）的神经系统标本的比较观察，总结各类群的中枢神经系统（脑和脊髓）、外周神经系统（脑神经、脊神经和植物性神经）的特征，并结合各类群的生活环境和生活方式，探讨脊椎动物神经系统从低等向高等的演化趋势。

实验内容

1. 比较各纲动物的脑和脊髓的结构特点。
2. 比较各纲动物的脑神经、脊神经和植物性神经的结构特点。

实验材料

七鳃鳗、白斑星鲨、鲤鱼、蟾蜍、蜥蜴、家鸡、家兔神经系统示范标本。

实验操作与观察

1. 中枢神经系统：脑和脊髓

1）*总结脊椎动物各纲代表动物的脑的特点*（表 21-1）

七鳃鳗　已出现五部脑的分化，但无其他脊椎动物具有的脑弯曲，五部脑仍排列在同一平面，为脊椎动物中最原始的类型。

白斑星鲨　比七鳃鳗发达，在某些方面甚至比硬骨鱼类高级（如大脑出现神经物质、大脑半球较大）。

鲤鱼（或鲫鱼）　虽然分化为五部脑，但脑体积较小，未充满颅腔，脑弯曲小。

蟾蜍（或蛙）　与鱼类相比，具有明显的进步性变化，但不及爬行类发达，为陆生四足动物中的最低阶段。

蜥蜴　比两栖类发达，出现新脑皮，脑弯曲显著，为羊膜动物最低级阶段。

家鸡（或鸽）　比爬行类更进步，脑体积明显增大，出现上纹状体，脑弯曲明显，尤其是颈弯曲。

家兔　大脑体积明显增大和分化复杂，大脑皮层成为高级神经活动中枢，小脑发达，出现新小脑。

表 21-1　脊椎动物各纲代表动物脑的结构比较

代表动物	大脑	间脑	中脑	小脑	延脑
七鳃鳗	两大脑半球不发达，前端有大形的嗅叶，脑顶部无神经细胞，均为上皮细胞	顶部：松果体、顶器和脑副体；底部：漏斗体和脑下垂体	背部为1对膨大的视叶；顶上有中脑脉络丛（特有）	小脑极不发达，与延脑尚未分离	
白斑星鲨	大脑半球比较发达，两半球尚未完全分开，主要由古纹状体组成，具发达的嗅脑	顶部：松果体；底部：视交叉和漏斗体、血管囊（鱼类特有）和脑下垂体	发达，背部为1对视叶	发达，后部位于延脑上	向后与脊髓中央管相连，前端两侧为耳状突（听侧区）
鲤鱼	大脑体积小，两半球分化不明显，顶部无神经细胞，底部有古纹状体	顶部：脑上腺；底部：脑下垂体、血管囊	具有1对发达视叶	较大	背面有后脉络丛，后接脊髓中央管
蟾蜍	大脑体积较大，主要由古纹状体组成，两半球之间有矢状裂，左、右侧脑室完全分开，大脑顶部出现神经细胞为原脑皮，具有1对嗅叶	顶部：松果体不发达；底部：漏斗体和脑下垂体	背部为1对圆形视叶	不如鱼类发达	后接脊髓
蜥蜴	两大脑半球较大，出现新脑皮，在古纹状体基础上出现新纹状体	顶部：松果体和顶器；底部：脑下垂体	背部为1对圆形视叶	小脑不发达（水生种类较发达）	后接脊髓
家鸡	大脑半球增大，在新纹状体基础上出现上纹状体，嗅叶退化	由上丘脑、丘脑、下丘脑构成，下丘脑连脑下垂体	背部的视叶十分发达	小脑特别发达，而且体积大，表面具有很多横沟	与脊髓相连，具有重要功能：呼吸、心脏搏动、内分泌等
家兔	大脑特别发达，体积增大，大脑皮层高度发达，表面具有沟和回，两大脑半球之间具有胼胝体，后端有穹窿，嗅脑位于大脑前方腹面包括嗅球、嗅束、梨状叶和海马	由丘脑、上丘脑和下丘脑和第三脑室组成。上丘脑上为松果体，下丘脑与视交叉、灰结节、漏斗、乳头体和脑下垂体相连	背部被大脑半球覆盖，分为四叠体（视觉中枢和听觉中枢）和大脑脚（连接脑和脊髓）两部分	小脑相当发达，不仅体积增大，而且出现特有的小脑半球，小脑腹面为特有的脑桥	直接与脊髓相连，具有很多重要的内脏活动中枢，为中枢高级部位与脊髓之间的纽带

2）脊椎动物脑的进化趋势

大脑　低等脊椎动物嗅脑发达，高等脊椎动物随着大脑半球的体积增加，嗅脑的比例相对减少，退居大脑前方腹侧次要地位。嗅脑体积的大小与嗅觉机能有关，嗅觉敏锐的类群（或种类）的嗅脑体积大。此外，嗅脑和支配内脏活动的植物性神经相关。大脑皮层由从古脑皮（鱼类）、原脑皮（两栖类）发展到新脑皮（爬行类、鸟类和哺乳类），其中古脑皮、原脑皮仅与嗅觉相联系，而新脑皮逐渐成为高级的神经中枢。鱼类和两栖类的古纹状体是大脑半球的主要组成部分（主要是嗅觉作用）；爬行类在古纹状体的基础上出现了新纹状体，增加了接受视丘的神经纤维。鸟类出现特有的上纹状体，成为鸟类复杂的本能活动和学习中枢；哺乳类由高度发达的大脑皮层取代了纹状体的位置，古纹状体形成苍白球，新纹状体形成尾状核和壳核。

间脑　低等脊椎动物间脑小，作用不明显，哺乳类的间脑成为大脑与其他各部的重要联络站。脑副体仅存在各纲脊椎动物早期发育阶段，成体阶段消失（其功能尚不明确）。在低等脊椎动物中，松果体和顶器为光感受器，而哺乳类的松果体为内分泌腺体。下丘脑是调节植物性神经活动的中枢，鱼类特有的血管囊可能是水体深度感受器。

中脑　中脑视叶在哺乳类以下的类群里处于中枢地位，接受视、听刺激并发出兴奋，而哺乳类感觉集中于大脑，中脑为视觉反射中枢和听觉反射中枢。

小脑　为脊椎动物重要的运动调节中枢。圆口类的小脑实际为延脑的延伸部分。鱼类中游泳迅速的种类小脑发达，两栖类和爬行类的小脑不发达。鸟类和哺乳类的小脑高度发达，哺乳类出现特有的小脑半球。

延脑　为脊髓前端的延续，是中枢神经高级部位和脊髓之间的中转站，具有很多重要内脏活动中枢，其结构基本与脊髓一致，在脊椎动物各纲中变化较小。

3）脊髓的特征和进化趋势

圆口类的脊柱扁平，脊髓无中央管，由无髓鞘神经纤维的灰质组成。其他脊椎动物脊髓的灰质在内，白质在外。背侧灰质为传入神经（感觉功能）。腹侧为传出神经（运动功能），灰质中间有中央管。鱼类的脊髓仅在胸鳍和腹鳍处略膨大。从两栖类开始具有明显的肩膨大和腰膨大，并出现腹正中裂。圆口类和鱼类的脊髓全长直径较均匀，但大多数陆生四足动物在颈部和胸腰部出现颈膨大和腰膨大，颈膨大和腰膨大是前后肢脊髓反射中枢，它们的产生和发展与四肢的发达程度相关（如蛇无四肢，脊髓也无膨大；突胸鸟类的翼发达，颈膨大很明显）。

2. 外周神经系统：脑神经、脊神经和植物性神经

1）脑神经的特点和进化趋势

无羊膜类脊椎动物有脑神经 10 对，羊膜类脊椎动物脑神经 12 对，此外还有 1 对端神经（圆口类和鸟类除外）。脑神经的功能在各类群中基本一致，除第 0 对端神经的功能尚不明确外，支配感觉神经有嗅神经、视神经、听神经；支配运动神经有动眼神经、滑车神经、外展神经、副神经和舌下神经；混合神经有三叉神经、面神经、舌咽神经和迷走神经。

2）脊神经的特点和进化趋势

低等脊椎动物脊神经背根和腹根发出部位相互交错，陆生脊椎动物背根和腹根的发出部位在同一平面。除圆口类外，脊椎动物的脊神经是由脊髓两侧的背根与腹根愈合而成的混合神经。背根为感觉神经，腹根为运动神经，二者混合后从椎间孔穿出后分成背支和腹支，在胸腰部另外发出交通支。在四肢着生的部位，脊神经腹支的一部分形成神经丛通入前肢和后肢。圆口类无神经丛，鱼类和有尾两栖类的神经丛非常简单，无尾两栖类的神经丛明显，哺乳类的神经丛最复杂。

3）植物神经的特点和进化趋势

圆口类具有一些分散且互不连接的交感神经节，无交感神经干，开始出现副交感神经（限于迷走神经）。软骨鱼类无完整的交感经神干，仅在腹腔内有一些交感神经节，具有来自动眼神经、面神经、舌咽神经和迷走神经的副交感神经，但无荐部的副交感神经。

硬骨鱼类和有尾两栖类具有两条完整的交感神经干，但比较细弱，其上具有众多大小不等、分布不规则的交感神经节，副交感神经仅限于来自动眼神经和迷走神经。

无尾两栖类具有 1 对明显的交感神经干，首次出现了荐部的副交感神经。

羊膜类脊椎动物的交感神经干延伸至颈部和荐部，其中鸟类具有明显的交感神经和副交感神经，哺乳类的交感神经和副交感神经系统非常发达。

3. 生活方式和神经系统的关系

七鳃鳗营寄生生活，感受器不发达，外周和中枢神经系统也不发达。

软骨鱼类和硬骨鱼类适应水生生活，各部脑的功能没有高度集中，大脑与嗅觉有关，中脑与视觉有关，小脑与运动能力有关（游泳能力强的种类小脑发达）。鱼类脊髓与高等脊椎动物结构基本一致。

两栖类运动方式简单，缺乏多样的积极活动，小脑不发达。

爬行类小脑比两栖类发达，尤其水生种类更为发达。

鸟类嗅脑不发达，但中脑视叶和小脑非常发达，与其视觉特有的双重调节和强有力的飞翔能力相关。

哺乳类具有高度发达的神经系统和感觉器官，可协调各种复杂的机能活动适应多变的环境条件。

作业

1. 结合脊椎动物各纲动物的生活环境、生活方式和生理机能，论述脑的结构特点。
2. 总结脊椎动物的脑神经、脊神经和植物性神经各有哪些功能？

思考题

简述脊椎动物神经系统的进化趋势。

实验二十二

脊椎动物多样性调查

根据当地实际情况，选择适宜的环境，在教师指导下，学生设计实验方案，进行脊椎动物多样性调查，并认真总结。

实验目的

1. 了解调查脊椎动物多样性的方法。
2. 观察脊椎动物多样性及其与环境间的关系。

实验内容

1. 脊椎动物多样性的观察。
2. 脊椎动物标本的采集（鱼类、两栖类、爬行类、啮齿类等，鸟类、多数哺乳动物需重点观察，并进行拍照、录像）。
3. 脊椎动物的种类识别及多样性分析。

实验材料与用具

1. 材料：野外观察的各类脊椎动物。
2. 用具：①常规仪器（GPS、照相机及各种镜头、摄像机、望远镜、录音设备、夜视仪等）；②根据观察对象而确定器械，如鱼网、鸟网、捕鼠夹、捕鼠笼等。

实验操作与观察

根据当地实际情况，在适宜季节，选择湿地、森林、荒野、农田、居民区等环境，学生设计实验方案，在教师指导下，于特定环境中，调查脊椎动物（鱼类、两栖类爬行类、鸟类、哺乳动物）多样性，并进行分析。可设计专项调查。例如，某地繁殖鸟类的调查；越冬鸟类的调查；森林或湿地鸟类的调查；某河流鱼类多样性的调查；啮齿动物的组成、年龄结构、种群动态等。也可以设计综合调查。

作业

分析所调查区域的生物多样性。

思考题

生物多样性与环境之间有何关系？

参 考 文 献

白庆笙，王英永，项辉，等. 2007. 动物学实验. 北京：高等教育出版社

秉志. 1960. 鲤鱼解剖. 北京：科学出版社

丁汉波. 1983. 脊椎动物学. 北京：高等教育出版社

方展强，肖智. 2005. 动物学实验指导. 长沙：湖南科学技术出版社

郝天和. 1959. 脊椎动物学（上册）. 北京：高等教育出版社

郝天和. 1964. 脊椎动物学（下册）. 北京：高等教育出版社

黄诗笺. 2005. 动物生物学实验指导. 北京：高等教育出版社

江静波. 1995. 无脊椎动物学. 3 版. 北京：高等教育出版社

姜乃澄，卢建平. 2001. 动物学实验指导. 杭州：浙江大学出版社

李桂垣，郑宝赉，刘光佐. 1982. 中国动物志鸟纲第 13 卷雀形目. 北京：科学出版社

刘凌云，郑光美. 1997. 普通动物学. 3 版. 北京：高等教育出版社

刘凌云，郑光美. 1998. 普通动物学实验指导. 2 版. 北京：高等教育出版社

马克勤. 1986. 脊椎动物比较解剖学实验指导. 北京：高等教育出版社

盛和林，徐宏发. 1992. 哺乳动物野外研究方法. 北京：中国林业出版社

孙虎山. 2004. 动物学实验教程. 北京：科学出版社

田婉疏，江耀明. 1986. 中国两栖爬行动物鉴定手册. 北京：科学出版社

王爱勤，李国忠. 2002. 动物学实验. 南京：东南大学出版社

王慧，陈万光. 2008. 动物学实验指导. 北京：中国农业大学出版社

王所安，王志敏，李国良，等. 2001. 河北动物志鱼类. 石家庄：河北科学技术出版社

杨安峰. 1984. 脊椎动物实验指导. 北京：北京大学出版社

杨安峰. 1992. 脊椎动物学（修订版）. 北京：北京大学出版社

杨安峰，程红，姚锦仙. 2008. 脊椎动物比较解剖学. 2 版. 北京：北京大学出版社

叶昌媛，费梁，胡淑琴. 1993. 中国珍稀及经济两栖动物. 成都：四川科学技术出版社

叶富良. 1993. 鱼类学. 北京：高等教育出版社

袁锋，张雅林，冯纪年，等. 2006. 昆虫分类学. 2 版. 北京：中国农业大学出版社

赵尔宓，黄美华，宗愉. 1998. 中国动物志爬行纲第 3 卷有鳞目蛇亚目. 北京：科学出版社

赵尔宓，赵肯堂，周开亚. 1999. 中国动物志爬行纲第 2 卷有鳞目蜥蜴亚目. 北京：科学出版社

赵海泉. 2008. 基础生物学实验指导动物学分册. 北京：中国农业出版社

赵正阶. 2001. 中国鸟类志（上册、下册）. 长春：吉林科学技术出版社

郑光美. 1991. 脊椎动物实验指导. 北京：高等教育出版社

郑光美. 1995. 鸟类学. 北京：北京师范大学出版社

郑光美. 2005. 中国鸟类分类与分布名录. 北京：科学出版社

郑作新. 1982. 脊椎动物分类学. 北京：中国农业出版社

郑作新. 2002. 中国鸟类系统检索. 3 版. 北京：科学出版社

Hickman F M. 1979. Laboratory Studies in Integrated Zoology. 5th ed. St. Louis：C. V. Mosby Company

Thomson R G. 1978. The Laboratory Outlines in Zoology. San Francisco：W. H. Freeman Company